जितनी यह गाथा

(कहानी-संग्रह)

एकान्त श्रीवास्तव

राजपाल

स्थापित 1912
100 वर्षों की
श्रेष्ठ प्रकाशन परम्परा
राजपाल

₹ 185
ISBN : 9789386534996
पहला संस्करण : 2024
JITNI YEH GATHA (Short stories) by Ekant Shrivastava
मुद्रक : जी.एस. ऑफसेट, दिल्ली

राजपाल एण्ड सन्ज़
1590, मदरसा रोड, कश्मीरी गेट, दिल्ली-110006
फोन : 011-23869812, 23865483, 23867791
e-mail : sales@rajpalpublishing.com
www.rajpalpublishing.com
www.facebook.com/rajpalandsons

कवि मित्र–आलोचक और मुक्तिबोध के
जीवनीकार श्री जयप्रकाश के लिए
और
मंजुल बिन्नी–बाजी के लिए कहानियों
की यह पहली किताब...

क्रम

भूमिका

कुछ रंग कुछ गाथाएँ

लगभग तीस बरस पहले रंगों पर छह कविताएँ लिखी थीं—पहले तीन कविताएँ लिखी गईं—लाल, नीला,पीला-प्राथमिक रंगों पर—ये *वसुधा* (सं. स्व. कमला प्रसाद) में छपीं। फिर तीन और कविताएँ लिखी गईं—सफ़ेद, काला, हरा-ये *दस्तावेज़* (सं. विश्वनाथ प्रसाद तिवारी) में छपीं। फिर छहों कविताएँ एक साथ *क़तार* में छपीं जिसके संपादक या संपादक मण्डल में संभवत: श्रीनारायण समीर थे। फिर *पल प्रतिपल* (सं. देश निर्मोही) के कवितांक में भी ये कविताएँ सम्मिलित हुईं। अंत में, *अन्न हैं मेरे शब्द* (प्रथम कविता संग्रह,1994, आधार प्रकाशन, पंचकूला, हरियाणा) में संकलित हुईं। ये कविताएँ बहुत पसंद की गईं, बल्कि मेरी आरंभिक कवि पहचान को पुष्ट करने में इनकी प्रमुख भूमिका रही।

लगभग तीस साल बाद *दैनिक भास्कर* की पत्रिका *अहा, ज़िन्दगी* के होली विशेषांक (05 मार्च 2020, सं. रचना समुंदर) ने इन कविताओं को प्रमुखता के साथ छह रंगों में छापकर मुझे चकित कर दिया। रायपुर से कोलकाता की ट्रेन यात्रा में यह विचार सहसा आया कि क्यों न इन रंगों पर छोटी-छोटी कहानियाँ भी लिखी जाएँ। पिछले कुछ वर्षों में दो उपन्यास *पानी भीतर फूल* और *पंखुड़ी-पंखुड़ी प्रेम* मैं लिख चुका था। आत्मकथात्मक कृति *मेरे दिन मेरे वर्ष* भी कथात्मक ही थी। इसे प्राय: एक रोचक उपन्यास की तरह ही पढ़ा गया था। यह बात वरिष्ठ कथाकार और *कथन* के संपादक रमेश उपाध्याय ने अपने पोस्टकार्ड में लिखी थी। बहरहाल, धीरे-धीरे इन रंगों पर कहानी लिखने का विचार पकने लगा। कोलकाता से दिल्ली की ट्रेन यात्रा में भी कुछ धुँधले से कथा-चरित्र

मन में उभरते रहे। कविता में प्रायः भाव और विचार को बाँधा जाता है जबकि कहानी कथानक की शर्त पर लिखी जाती है। अतः कविताओं से कहानियों का पृथक होना तय था—किंचित साम्य के बावजूद। लेकिन एक स्पष्टीकरण यहाँ आवश्यक है कि इन कहानियों को रंगों वाली कविताओं की लोकप्रियता के कारण एक इतर विधा में उनकी पुनरावृत्ति के रूप में न देखा जाए। यदि ऐसा होता तो ये कहानियाँ उन कविताओं के बाद के दो-तीन वर्षों के भीतर लिख ली जातीं। जबकि यहाँ तीस वर्षों का अंतराल है। कहने का आशय यही है कि ये कहानियाँ भी रचनात्मकता के दबाव में ही लिखी गई हैं। इनका एक के बाद एक मन में आना और कागज़ पर उतरते चले जाना—जैसे धागे की कोई रील खुल गई हो-कहना चाहिए कि इनकी रचना के केंद्र में भी कविता जैसी स्वतः स्फूर्तता ही काम कर रही थी।

कुछ पारिवारिक कारणों से मुझे कोलकाता से दिल्ली स्थानान्तरण लेना पड़ा था। मैंने 02 अगस्त, 2019 को यहाँ कार्यभार ग्रहण कर लिया था। होली में सप्ताह भर के लिए कोमा (गाँव, छत्तीसगढ़) और सप्ताह भर के लिए कोलकाता जाना हुआ। मकान कोलकाता में अब भी था। घर लेकिन दिल्ली आ गया था। कोरोना महामारी का समय। चीन के बाद इटली-अमेरिका-स्पेन तथा संसार भर के देशों में तबाही मचाने के बाद भारत में इसकी पदचाप तीव्रता से सुनाई देने लगी थी। ट्रेनें रद्द की जा रही थीं। कोलकाता से दिल्ली अंतिम राजधानी ट्रेन साबित हुई। जिसमें मैं आया 20 मार्च, 2020 शुक्रवार को निकलकर 21 मार्च शनिवार को दिल्ली पहुँचा और बमुश्किल घर पहुँचा। ऑटो-टैक्सी की दिक्कतें भी आम हो गई थीं। संभवतः 21 मार्च शनिवार 2020 को ही दिल्ली सरकार ने दस दिनों के लिए 31 मार्च, 2020 तक लॉक डाउन की घोषणा कर दी। फिर 25 मार्च 2020 से 14 अप्रैल 2020 तक भारत सरकार ने देश भर में पूर्ण बंदी (लॉक डाउन) की घोषणा कर दी। सार्वजनिक परिवहन (बस, ट्रेन, टैक्सी,ऑटो, हवाई जहाज आदि) सब बंद कर दिये गए। राज्यों की सीमाएँ बंद कर दी गईं।

भारत ही नहीं, सम्पूर्ण विश्व के लिए यह अभूतपूर्व संकट का

समय था। जो जहाँ था, वहीं फँसा रह गया। रोज़ खाने-कमाने वाले विस्थापित मज़दूरों-श्रमिकों की हालत बहुत खराब, दयनीय और त्रासद हो गई थी। लोग घरों में कैद हो गए थे। दुनिया भर से प्रतिदिन संक्रमण और मौतों की खबर आ रही थी। ऐसे अनिवार्य शासकीय अवकाश के दौर में और नैराश्य पूर्ण समय में रचनात्मकता ही मनुष्य की जिजीविषा को बचाए रख सकती थी।

सोचा गया, समय का सदुपयोग किया जाए यद्यपि ऐसा पारिवारिक जीवन भी लम्बे समय के बाद बीत रहा था जब पत्नी मंजुल, दोनों बेटियों (अमोला और अंजलि) का चौबीस घण्टों का साथ भी अभूतपूर्व था। अन्यथा नौकरीपेशा लोगों के महानगरीय जीवन में घर प्रायः रात को नींद और सुबह तैयार होकर कार्यालय भागने के आश्रयस्थल बन कर रह गए हैं। एक छत के नीचे रहते हुए भी एक-दूसरे के मन की लहरों से हम प्रायः अनभिज्ञ रहते हैं। एक बात को कहने का अवसर जब मिलता है, तब तक उसे कहने-बताने का उत्साह ठण्डा हो जाता है और उस बात पर किसी अन्य घटना की परत पड़ जाती है।

कुछ पुरानी कविताएँ रफ कॉपियों में पड़ी थीं—महीनों, बरसों से—उन्हें फेयर करने का काम मैंने तय किया लेकिन मंजुल ने कहा ''नहीं, समय मिला है तो कोई नई किताब तैयार करना बेहतर होगा...'' तब रंगों वाली कहानियों की योजना ने पुनः सिर उठाया। लेकिन ये रंग तो छह ही थे। छह छोटी कहानियों की भला कैसी किताब! लेकिन जब लिखना आरंभ किया तो अचेतन में दबे हुए न जाने कितने रंगों ने सामने आना शुरू कर दिया और प्रत्येक रंग के साथ लिपटकर एक कथा चली आती थी। कुल 17-18 रंग लेकिन लिख चौदह पर ही सका। कहीं-न-कहीं पूर्ण विराम लगाना तो आवश्यक था।

कहानी छोटी ही लिखने की योजना थी ताकि उसका विन्यास कविता जैसा सघन हो और जो एक साँस या एक बैठक में पढ़ी जा सके। लंबी कहानी से तो उपन्यास लिखना ही बेहतर प्रतीत होता है। ए-4 आकार में प्रायः तीन-चार पृष्ठों की छोटी कहानियाँ ये हैं-दो को छोड़ कर-'सफ़ेद' और 'कत्थई' अपेक्षाकृत लंबी हैं। कुल चौदह दिनों में चौदह रंगों पर

लिखी गईं चौदह कहानियाँ। झिलमिल कॉलोनी में छत पर एक कमरा है—पीपल व अन्य वृक्षों से घिरा हुआ। रोज़ सुबह प्राय: दस बजे से दो बजे तक एक कहानी लिखते हुए स्मृतियों में रेलमपेल मची रहती। मन पीपल पात सरिस डोलता रहता। बाहर चैत की धूप खिली रहती। कभी असमय मेघों की छाया भी पड़ जाती। हवाओं में पीपल के पत्तों से ऐसा स्वर फूटता जैसे बारिश हो रही हो। सांसारिक शोरगुल के थम जाने से आकाश का नीला रंग निखर आया था। हवा हल्की हो गई थी, नदियाँ निर्मल। सुदूर जंगल-पहाड़ों के पंछी मेरे घर के पीपल पर फुदकने लगे थे। इनमें हारिल को वर्षों के बाद देखना हुआ—बचपन में गाँव के बाद। कोयल, कबूतर, गौरेया, मैना, कव्वे तो फिर दैनन्दिन के पाँखी थे ही।

गिलहरी की आवाज़ सुनाई देने लगी। लम्बी पूँछ वाले तोतों के झुण्ड आने लगे। फुलचुहकी जैसी नन्हीं चिड़िया (जिसे फूलचुग्गी भी कहते हैं और बंगाल में टुनटुनी पाँखी) के अतिरिक्त ढेरों मन मोह लेने वाले सुदूर पहाड़ों-जंगलों से आए पाहुन परिंदों से छत गुंजार रहती। कथा का ग्रामीण परिवेश बुनने में इन सबसे सहायता मिली। चैत के महीने में लिखी जाने के कारण इन्हें चैत की कहानियाँ भी कहा जा सकता है क्योंकि इन कहानियों में प्राय: चैत का मौसम ठहर-सा गया है-एक दो अपवादों को छोड़कर।

प्रत्येक कहानी पूरी होने पर मंजुल को सुनाता। कभी बिन्नी-बाजी (अमोला-अंजलि) भी श्रोताओं में सम्मिलित होते। रात की नींद एक कथा,एक रचना के पूर्ण हो जाने के सुकून से भरी होती। बाहर के संसार से रोज़ संक्रमण और मौतों की ख़बर आ रही थी। ऐसे में, मुझे स्वाभाविक रूप से रचना में ज़िन्दगी के पक्ष में खड़ा होना था। नैराश्य की घड़ी में इसलिए ये कहानियाँ जिजीविषा, सुख-सौंदर्य तथा संघर्ष की कहानियाँ हैं। दु:ख-दर्द-नैराश्य का कृष्णपक्ष भी यहाँ है-काला, कत्थई, धूसर, लाल, हरा, नीला, आदि में। फिर भी जीवन के प्रति आशा और उत्साह का स्वर मंद नहीं पड़ता।

ये कहानियाँ रंगों को आधार बनाकर लिखी गई हैं। अत: रंग श्रृंखला में हैं। किंतु अन्विति के बावजूद एक कहानी, दूसरी से सर्वथा पृथक है।

प्रत्येक कहानी में एक छोटा परिवार है—माँ-पिता और बेटा। कहीं-कहीं बहन भी। कहानी बच्चे की ओर से कही गई है—प्राय: । एक दो कहानियाँ अपवाद हैं। जैसे: 'धूसर' और 'कत्थई' आदि। 'कत्थई' में भी किंतु ऐसा लगता है जैसे यही बालक वयस्क हो गया हो। 'धूसर' एक चिड़िया की ओर से कही गई कथा है, जिसमें बाल मन और कौतुक वैसा ही बना रहता है। बच्चा ही सूत्रधार है (या अप्रकट कथाकार ही) कहानी की भाषा भूतकाल में है। अत: इसका पाठ बालक के वयस्क होने पर उसके द्वारा लिखी गई स्मृति-कथा की तरह भी किया जा सकता है। कथा का रचना-समय वर्तमान से आरंभ होकर पच्चीस-वर्ष पीछे की तरफ़ भी लौटता है। तात्कालिक संदर्भ में एक ही कहानी यहाँ है—'हरा'। 'लाल' में भी यह संदर्भ उभरा है। यद्यपि 'लाल' का संदर्भ स्वतंत्रता के समय से (और उसके पूर्व भी) हमारे देश में बना हुआ है। ये कहानियाँ रंगों को आधार बनाकर लिखी गई हैं लेकिन केवल रंगों पर नहीं हैं बल्कि रंगों के बहाने ये जीवन-समाज-संसार के संघर्ष और सौंदर्य को व्यक्त करने का प्रयत्न करती हैं। प्रत्येक रचना की सार्थकता और परिणति लोक में समर्पित हो जाने में ही है। मैं यह किताब भी पाठकों और मित्रों के नाम समर्पित करता हूँ। धन्यवाद।

16 जून 2023

—एकान्त श्रीवास्तव

ईमेल : shrivastava.ekant@gmail.com

लाल

फागुन के टेसु अभी विदा भी नहीं हुए थे कि गुलमोहर के फूलों का लाल दहकने लगा। माँ को यह मौसम पसंद था।

धूप की आँच अभी भली लगती थी। माँ नहाकर आती तो सबसे पहले दर्पण के सामने खड़ी होकर माँग में सिंदूर भरती और लाल बिंदी लगाती। फिर तुलसी चौरे पर दिया जलाती। कुएँ के पास से माँ की पूजा के लिए दसमत का लाल फूल तोड़कर लाने का काम मेरा होता। मैं छोटा था। मेरा हाथ नहीं पहुँचता तो मैं बाँस की कमचिल से ऊँची टहनी को झुकाता। फूल तोड़कर मैं ऐसे लौटता जैसे जंग जीत जाने वाला मैं कोई सैनिक होऊँ। माँ तुलसी में जल डालती। फूल चढ़ाती, आरती करती, दूध मोंगरा की पत्ती में गुड़ का भोग लगाती, फिर आँखें बंद कर प्रार्थना करती। उसके होंठ जाने क्या-क्या बुदबुदाते रहते। उसके खुले व गीले केशों से पानी की बूँदें टपकती रहतीं। ऐसे समय में माँ खुद किसी देवी जैसी लगती। आँगन के चबूतरे में आकाशमणी की छाया में बैठा मैं टुकुर-टुकुर माँ के चेहरे की ओर देखता रहता। पूजा के बाद माँ मुझे भी गुलाल का टीका लगाती। गुड़ का प्रसाद मुझे ही मिलता जो फूल लाने के बदले पुरस्कार जैसा लगता।

पिता के काम पर जाने के बाद माँ मेरी पसंद के पुए बनाती। आँगन में एक तरफ़ खुली रसोई थी। अंकापल्ली गुड़ को पानी में घोलकर उसी से आटा गूँथा जाता। मैं गाँव में बय्यन दाई की दुकान से आधा किलो तिलक तेल काँच की बड़ी बोतल में ले आता। बखरी से झिटका (सूखी-पतली टहनियाँ) बटोर कर कण्डे लाने का काम भी मेरा था। माँ बखरी में ही थापकर सुखाती थी। चूल्हा जलता तो बीच-बीच में पीली लपटों के बीच कोई लपट नीली

तो कोई लाल उठती। 'आग के भी कितने रंग होते हैं', मैं सोचता। चूल्हे में आग ऐसे फूल की तरह दिखती जिसकी पीली पँखुड़ियों के बीच कोई-कोई पँखुरी लाल है, तो कोई नीली। माँ अपने मेंहदी रचे हाथों से पुओं को धीरे से खौलते तेल में डालती। सूनी दोपहर में तब केवल पंछियों की आवाज़ें होतीं और माँ की लाल-लाल चूड़ियों का संगीत। और कभी-कभी जाने क्या सोचकर मुस्कराती। माँ कुछ गुनगुनाती तो उसकी शहद भीगी आवाज़ में पूरी दोपहर भीग जाती। तब संसार बहुत सुंदर लगता। मैं पुए बनाती माँ की पीठ से लिपट जाता।

शाम को पिता अक्सर खुश-खुश घर लौटते। कभी-कभी कपूरी मीठा पान खाते हुए। तब उनकी मुस्कुराहट का रंग भी लाल होता। माँ सिर पर पल्लू ठीक करती हुई कटोरी में पिता को पुए देती और फूल-काँस के गिलास में गुड़ की खूब दूध वाली चाय। पिता प्रसन्न हो जाते। उनके खाने तक माँ चबूतरे पर उनके पास ही बैठी रहती। तब माँ के गोरे-गोरे मुखड़े का रंग भी पान रचे पिता के होंठों जैसा लाल हो जाता।

एक दिन पिता उदास लौटे। हताश से चबूतरे पर बैठ गए। चाय गिलास में ठण्डी होती रही। कटोरी में रखे पुओं की तरफ़ उन्होंने देखा भी नहीं। घबराई हुई माँ के पूछने पर पिता ने एक कागज़ माँ की ओर बढ़ा दिया—जेब से निकालकर। उनकी बातचीत से मुझे इतना ही समझ में आया कि पिता अब हमारे साथ गाँव के घर में नहीं रह सकते। उन्हें शहर जाना होगा। खेती-बाड़ी और अन्य कुछ कारणों से माँ और मैं उनके साथ नहीं जा सकते। उनकी बातचीत में बार-बार आ रहा शब्द 'तबादला' था। तब मैंने सोचा, 'शायद शहर जाने को ही तबादला कहते हैं।' माँ के महावर रचे पाँवों के नीचे धरती डोल गई थी। माँ खूब रोई थी। हिचक-हिचक कर। पिता काठ हो गए थे जैसे। चुप बैठे रहे।

तब मैने पहली बार जाना कि पिता की अंगूठी में जड़े मूँगे के अलावा, डूबते हुए सूर्य से हटकर, पके हुए दाड़िम के दानों से अलग एक लाल और होता है—और वह खूब रोई माँ की आँखों का लाल था।

और पिता चले गए। माँ का माहुर लगाना और मेहंदी रचाना छूट गया। बस सिंदूर और बिंदी का लाल रह गया था। अब माँ चुप-चुप रहती थी। रोज़-रोज़ मुस्कराने वाली माँ, गुनगुनाने वाली माँ, पुए बनाने वाली माँ कहीं

खो गई थी। मुझे यह सब अच्छा नहीं लगता। खूब रोना आता लेकिन मैं चुप रहता। माँ जब घर के अंदर रहती तब मैं तुलसी चौरे के सामने हाथ जोड़ कर भगवान से प्रार्थना करता—हे भगवान्! पिताजी जल्दी घर लौट आएँ। मेरी माँ को पहले जैसी बना दो ना, भगवान जी। मैं तुमको खूब सारे दसमत के फूल चढ़ाऊँगा। भगवान जी, पता नहीं सुनते कि नहीं सुनते पर प्रार्थना के बाद मुझे शांति मिलती और भरोसा जागता कि एक दिन पिता ज़रूर वापस लौंटेगे।

अब माँ को हर समय पिता की चिट्ठी का इंतज़ार रहता। घर के सब काम निपटाकर वह दोपहर को आँगन के चौरे में बैठ जाती। डाकिया दोपहर को ही आता था। अक्सर उसकी साइकिल बिना हमारे घर की तरफ़ देखे ही गुज़र जाती थी। तब माँ बहुत उदास हो जाती। लेकिन जब साइकिल रुकती और वह हमारे घर की ओर ताकता तब माँ के कहने से पहले ही मैं दौड़ता हुआ जाता। पत्र लाकर मैं माँ को दे देता। पिता की लिखावट अब मैं पहचानने लगा था। माँ सुध-बुध भूलकर पत्र पढ़ती। दिन में कई-कई बार। पत्र को बिस्तर में तकिए के नीचे रखती। पत्र पढ़ते हुए उसके होंठ हिलते रहते। कभी-कभी वह ज़ोर-ज़ोर से बोलकर पत्र पढ़कर मुझे भी सुनाती। पर बीच-बीच में रुक जाती, चुपचाप पढ़ती, मुस्कराती और फिर दो-चार लाईन छोड़कर बोलना शुरू करती। मेरे पूछने पर हँसकर डाँटती—चुप। घर के काम-काज की बातें हैं, खेती-बाड़ी के बारे में। मैं मान तो जाता पर लगता, जैसे माँ कुछ छुपा रही है। भला! खेती-बाड़ी की बात में मुस्कुराने की क्या ज़रूरत है।

एक बार पिताजी की चिट्ठी से पता चला कि शहर में हिन्दू-मुस्लिम का दंगा हो गया है। चारों तरफ़ खून-खराबा है। सड़कें आदमी के खून से लाल हो गई हैं। लाशें बिछी हैं। हर तरफ़ पुलिस घूम रही है। क़र्फ़्यू लग गया है। घर से निकलना मना है। राजनेता अपने स्वार्थ की रोटी सेंक रहे हैं और असामाजिक तत्वों के द्वारा दंगे करवा रहे हैं। माँ ने काँपते हाथों से थरथराती आवाज़ में पूरा पत्र बोल-बोलकर पढ़ा। मैं पूरी बात ठीक से नहीं समझ सका। हे भगवान! मैं इतना छोटा क्यों हूँ कि कुछ नहीं समझ सकता। जल्दी से मुझे बुद्धि दो और बड़ा करो, मैंने मन ही मन प्रार्थना की। दंगा क्या है? क़र्फ़्यू क्या है? स्वार्थ की रोटी कैसी होती है? और असामाजिक तत्व? माँ बड़ी देर निढाल बैठी रही। फिर आकाश की तरफ़ हाथ जोड़कर प्रार्थना करती रही। फिर उसने सारी बातें समझाईं। तब मैंने जाना कि जब हर तरफ़ पुलिस

का पहरा हो और घर से निकलना मना हो, तब उसे क़र्फ़्यू कहते हैं।

उस दिन मैं उम्र से पहले बड़ा हो गया था। उस रात ठाकुर जी के आसन में दीपक सारी रात जलता रहा। माँ और मुझे आधी रात तक नींद नहीं आई। माँ चुप थी। वह रह-रहकर मंगलसूत्र को छूती और प्रार्थना में कुछ बुदबुदाती। मैं जैसे ही आँख बंद करता; कल्पना में मुझे खून से लाल-लाल सड़क दिखती। ऐसा नहीं कि पहले कभी खून देखने का मौका न आया हो। एक बार खेलते समय बखरी में बबूल का काँटा गड़ गया था। माँ ने खींच कर निकाला तो खून की दो-तीन बूंदें भी निकली थीं। और एक बार हँसिये से लाल भाजी काटते समय माँ की उँगली कट गई थी। तब भी खून को देखा था। लेकिन दोनों बार खून इतना नहीं था कि कोई सड़क पूरी लाल हो जाए।

बाहर पूरनमासी का चंदा उगा हुआ था—थाली जैसा बड़ा और गोल। खिड़की से चाँदनी भीतर बिछौने पर आ रही थी। सोयी हुई माँ की बिंदी चमक रही थी। लेकिन आज इसका लाल उतना सुंदर नहीं लग रहा था।

पिता के लाल के सामने माँ का लाल सहम गया था।

नीला

"माँ, नदी का रंग नीला क्यों है?"

"क्योंकि आकाश का रंग नीला है"—मेरे पूछने पर माँ ने बताया—"आकाश नदी में दिखाई देता है। इसलिए नदी नीली दिखाई देती है। नहीं तो, पानी का कोई रंग नहीं होता।"

मैं जानता था कि पानी का कोई रंग नहीं होता। मैं जब चुल्लू में नदी का पानी लेता तब वह नीला नहीं होता था। दूर, उस किनारे जो नदी थी, वह गहरी थी। वह नीली दिखाई देती थी। नदी का पाट चौड़ा था। नदी इस तरफ़ उथली थी और कई धाराओं में बँटी हुई थी। माँ ने बताया, यहाँ दो नदियाँ आपस में मिलती हैं। माँ घाट के चिकने पत्थर पर कपड़े धो रही थी। नदी में मेरे घुटने से भी बहुत कम पानी था। कोई डर नहीं था। नहाते समय मैं दौड़-दौड़ कर नदी में खेलता था। माँ मना नहीं करती थी। धूप में नदी का पानी चमकता था। नीचे रेत दिखती और छोटी-छोटी मछलियाँ भी। माँ के कपड़े धोते तक या बर्तन माँजते तक मैं चिकने रंगीन पत्थर इकट्ठे करता और माँ को दिखाता। माँ हँसती और उनमें से कोई-कोई पत्थर वह जतन से रख लेती थी। कहती, नहाते समय एड़ी घिसने के काम आएगा। मैं खुश हो जाता।

कभी-कभी मैं नदी किनारे घास में उगे रंगीन फूलों को इकट्ठा करता और माँ को दिखाता। माँ उन्हें बाँधकर जूड़े में खोंस लेती। कभी झाड़ियों में कोई बड़ा फूल मिल जाता तब माँ को बाँधना नहीं पड़ता। एक बार कपड़े पछींटते समय माँ का जूड़ा खुल गया और जूड़े में खूँसा ऐसा ही बड़ा फूल नदी की धार में गिर गया। मैं दूर तक नदी के किनारे दौड़ता रहा। आखिर एक जगह फूल हाथ आ ही गया। हाँफते हुए लौटा तो माँ ने हँसकर गले लगा

लिया। फिर जूड़ा बाँधकर फूल को खोंस लिया।

नदी के किनारे हमारा घर था—छोटा-सा मिट्टी का घर। उसकी छानी पत्तों की थी। हम लोगों ने मुर्गियाँ पाल रखी थीं। हमारा गाँव बहुत छोटा था। इसमें केवल आठ घर थे। नदी के किनारे हल्का जंगल था, एक तरफ़ हल्के मैदान। उसके आगे पहाड़ शुरू हो गए थे। मैदानों में खेत थे जहाँ पिता ने अलसी बोई थी। अलसी के पौधों में नन्हें-नन्हें नीले फूल आ गए थे। मैं उनके बीच दौड़ता तो माँ मना करती ताकि पौधों को नुकसान न हो। पिताजी सौदा लेने कुछ कोस दूर साइकिल से जाते। कैरियर में टोकनी में भरकर वे पके तेंदू ले जाते जो हाट में बिकते तो नोन-तेल की जुगत हो जाती। फ़सल बहुत अच्छी नहीं होती थी। बारिश पर निर्भर थी। जब-तब अकाल पड़ जाता था। माँ जंगल से लकड़ियाँ इकट्ठा करती और सिर पर लादकर हाट ले जाती—पैदल-पैदल। मैं भी उनके साथ जाता। लौटते हुए थक जाता तो वह मुझे गोद में ले लेती। धूप होने पर वह मुझे आँचल से ढँक लेती। माँ के पास एक ही साड़ी थी जिसका रंग नीला था लेकिन उसकी किनारी का रंग गुलाबी था। माँ का नीला आँचल मुझे नदी जैसा लगता। उसकी छाया में वैसी ही शीतलता महसूस होती। तो क्या माँ भी कोई नदी है जो चल नहीं रही हो, बह रही हो। मुझे नींद आ जाती। नींद में भी चितावर (जंगल) में बोलती हुई चिरई की बोली सुनाई देती थी।

घर लौटकर माँ मुझे चटाई पर सुला देती और जल्दी-जल्दी चूल्हा जलाकर डेकची में भात चढ़ा देती। अदहन के खौलने पर ही वह धुला हुआ चावल डेकची में डालती। वह जानती थी कि मैं भूखा हूँ और पिता भी खेत और जंगल से लौटते होंगे। तब तक दोपहर चढ़ चुकी होती। भूखे पेट अधिक देर नींद नहीं आती। मैं उठकर बैठ जाता और खाना बनने का इंतज़ार करता। चूल्हा दो मुँह वाला था। दूसरी तरफ़ से आधी लपटें निकलतीं। उसमें चढ़ी कड़ाही में डोंड़के की साग पकती। तब तक साइकिल की घंटी सुनाई देती। मैं दौड़कर पिता की अगवानी करता। पिता मुझे गोद में उठा लेते। हम नदी से नहाकर आते और भात खाने बैठ जाते। माँ पत्तलों में भात-साग परोस देती। पत्तल बनाने का काम पिता का था। जो दो-चार दिनों में एक बार परसा पान के पत्तों से बनाया जाता। दोने की ज़रूरत नहीं पड़ती। माँ भात के ऊपर ही साग डाल देती। पत्तल के एक किनारे नमक भी रखा होता। कम साग में अधिक भात खाना होता था। अतः नमक की ज़रूरत अधिक पड़ती थी। नमक गड़ा

नमक होता जिसे माँ सिल पर पीसकर शीशी में भर लेती थी।

तब तक माँ के जूड़े में खुँसे अलसी के फूल कुम्हला चुके होते। फिर भी नीली साड़ी और नीले फूलों में माँ सुंदर दिखती। पिताजी परोसती हुई माँ के जूड़े में अलसी के नीले फूलों को देखकर हँसते। माँ चुपचाप मुस्कराती रहती। वह हमारे साथ खाना नहीं खाती; हमारे बाद खाती। अक्सर साग कम पड़ जाती तो वह हड़िया से नूनचरा अचार निकाल लेती। पर माँ हमें पता नहीं चलने देती कि साग कम है। माँ आँगन में बैठकर हमें खाते हुए देखती रहती। माँ के पीछे नीली नदी दिखाई देती तो ऐसा लगता कि माँ का नीला आँचल ही इस तरह फैला हुआ है। तब माँ और नदी एक हो जातीं।

हमारे आँगन में मुनगे का पेड़ था जिस पर जब-तब नीलकंठ आकर बैठा करता था। नीलकंठ को देखकर माँ खुश हो जाती। कहती; नीलकंठ का दिखना बहुत शुभ होता है। माँ बताती, शंकर जी ने विष पिया था। तभी नीलकंठ कहलाए। अकाल में फ़सल चौपट हो जाती। नदी का पानी कम हो जाता। पिताजी हताश हो जाते। कहते; ''ये अकाल और गरीबी भी हमारे लिए विष की तरह है जिसे हम पीते रहते हैं। लेकिन कभी नीलकंठ नहीं हो पाते।'' माँ प्रतिवाद नहीं करती। बस चुपचाप सुनती रहती।

एक दिन माँ को दतैया ने बाँह में काट लिया, जब वह सुबह-सुबह बबूल का दातून तोड़ रही थी। दतैया विषैली होती है। माँ की बाँह में उतनी जगह नीली पड़ गयी थी। पिता ने सिल में कोई जड़ी घिस कर माँ की बाँह में लेप जैसा लगा दिया था। तब जाकर माँ को कुछ आराम मिला। फिर भी नीला दाग माँ की बाँह पर कई दिनों तक बना रहा। उस दिन मैंने जाना कि विष का रंग भी नीला होता है।

और एक दिन पिताजी ने साइकिल में पूरी गिरस्ती लाद ली। माँ ने गठरी सिर पर रख ली। हम गाँव छोड़ रहे थे। माँ ने बताया। पिता का फ़ैसला था। आखिर जामुन-आँवला-तेंदू और लकड़ियाँ बेचकर कब तक गुज़ारा होता। खेती का भी ठिकाना नहीं था। वह तो बस नाम की थी। गाँव के अन्य सातों घर भी गाँव छोड़ रहे थे। सब जा रहे थे। माँ ने मेरी उँगली पकड़ ली। हमें पैदल ही जाना था।

''किसी और गाँव के करीब डेरा डालेंगे''—पिता ने कहा-''जहाँ काम होगा।''

"लेकिन माँ नदी? वह यहीं छूट जाएगी!"

"हाँ।" माँ ने भरी आँखों से घर और नदी की तरफ़ देखा।

मैं उदास हो गया। क्या नदी हमारे साथ नहीं जा सकती! आकाश नीला था। नदी नीली थी। माँ नीली थी। यह नीला मेरे मन में रच-बस गया था।

"वहाँ क्या कोई और नदी होगी?" मैंने पूछा।

"वहाँ तालाब होगा। या कुआँ। या कोई झरना..." माँ ने अनुमान लगाया और शायद मेरा मन रखने के लिए उसमें जोड़ा—

"तालाब और कुँओं में भी नदी ही भीतर-भीतर अपना पानी भेजती है। बारिश का पानी तो थोड़ा ही होता है..."

"अच्छा!" मैंने आश्चर्य से आँखें फैलायीं। लेकिन मेरी उदासी कम नहीं हुई। मैंने पलटकर नदी की ओर देखा। एक माँ की, उँगली पकड़कर मैं चल रहा था और दूसरी मेरे पीछे छूट रही थी।

पीला

मैं सूर्य को उगते हुए तब तक देखता रहता, जब तक वह लाल से पीला नहीं हो जाता। इस आदत के लिए मुझे माँ की डाँट भी खानी पड़ती—''इतनी देर नहीं देखते, आँखें खराब हो जाएँगी।

माँ ने ही मुझे बताया था कि सूर्य धरती के सबसे बड़े देव हैं जो सात घोड़ों के रथ पर सवार होकर पूरब दिशा से निकलते हैं लेकिन उनका रथ और घोड़े दिखाई नहीं देते। वो पूरे संसार को उजाला देने वाले देव हैं। उनके कारण ही रात ढलती है और दिन उगता है। वो डूबकर भी नहीं डूबते और दूसरी दुनिया में उजाला करते रहते हैं। चाँद, तारे, धरती-सब सूर्य की परिक्रमा करते हैं। मैं जानता था; परिक्रमा क्या है। मैंने माँ को मन्दिर में और पूजा के बाद तुलसी चौरे की परिक्रमा करते देखा है। माँ ने एक बार मुझे बताया था कि ऐसे सात बार अग्नि की परिक्रमा करने के बाद पिता मिले थे और बाद में मैं भी उसी परिक्रमा के कारण मिला था। तब से मैं परिक्रमा के महत्त्व को समझने लगा था और खुद भी तुलसी की रोज़ परिक्रमा करने लगा।

मैंने सूर्य को नदी के पानी में उतरकर चमकते और झिलमिलाते कई बार देखा है और माँ से पूछा भी है—

''माँ सूरज-भगवान को तो बहुत प्यास लगती होगी न! क्या वो इसलिए नदी में पानी पीने उतरते हैं?''

''हाँ...हाँ...'' माँ ज़ोर से ठहाका लगाती और प्यार से मुझे गोद में उठा लेती—''वो इसीलिए नदी में उतरते हैं।''

बखरी में गेंदों की छोटी सी खेती पिता किया करते थे। सुबह वो साइकिल में गेंदे के फूल और माला बेचने गाँव से कस्बे के हाट में जाया

करते थे और चढ़ी दोपहर खाने के समय घर लौटते थे। कभी गेंदे के खेत में मेहनत का काम होता तो फूल बेचने माँ जाया करती—पैदल ही—साथ में मैं भी जाता। हाट जाने में मैं थक जाता लेकिन मुझे बड़ा मज़ा आता था। माँ ज़मीन पर बोरा बिछाकर बैठती थी और फूलों तथा मालाओं को अपने सामने सजा लेती थी। गेंदे के बड़े-बड़े पीले फूलों की भीनी-भीनी महक मुझे बड़ी प्यारी लगती थी। माँ बताती; गेंदे के फूल कई प्रकार के होते हैं-कनकी गेंदा, चउँर गेंदा, चंदैनी गेंदा आदि। चंदैनी गेंदा के फूल छोटे-छोटे और लाल होते हैं। लेकिन हाट में पीले गेंदे ज्यादा बिकते हैं। फूलों के साथ बेल के पत्ते, दूब और तुलसी भी हुआ करती थी। बेल का पेड़—बड़ा-सा-बखरी में ही उगा हुआ था। पिता कमचिल से पत्ते तोड़ दिया करते थे। तुलसी और दूब तोड़ने का काम सुबह-सुबह मेरा था। बरसात के दिनों में मेड़ों पर रंग-बिरंगे चिरैय्या फूल भी उग आते थे। तो माँ उन्हें भी तोड़ लाती लेकिन उनके पैसे नहीं लेती। ऐसे ही दे देती थी।

माँ दोनों में फूल सजा-सजा कर रखती। उनमें दूब, बेल पान, तुलसी भी डालती। धीरे-धीरे मैं भी दोना सजाना सीख गया था। दोने सबसे ज़्यादा बिकते। गेंदे की माला कम बिकती क्योंकि उनका दाम अधिक होता। पूजा-परब के समय माला भी अधिक बिकती। लोग खरीदते समय मोल-भाव करते-

"ए भाई, कितने थोड़े फूल रखे हैं तुमने दोने में। थोड़े और डालो" माँ चुपचाप दो-तीन बड़े गेंदे के फूल डाल देती। मुझे ये बहुत बुरा लगता। बाकी फूल वालों के दोनों से हमारे दोनों में अधिक फूल होते थे। फिर भी लोग मोल-भाव करते।

"माँ, ये लोग ऐसा क्यों करते हैं?"—मैं पूछता।

"दुनिया ऐसी ही है बेटा" माँ कहती—"ये लोग बड़ी-बड़ी दुकानों में बिना मोल-भाव के ढेर सारे रुपए दे आते हैं। लेकिन हम गरीब फल, सब्ज़ी और फूल वालों से एक-एक पाई के लिए झिक-झिक करते हैं। जबकि हम कितनी मेहनत करते हैं। कितनी दूर से आते हैं।"

मैं चुपचाप सुनता रहता। और कर भी क्या सकता था।

गाँव से हाट आने के रास्ते में हमें जंगल पार करके कच्चे रास्ते से आना पड़ता था। धूप में नहाए वन को देखकर माँ कहती—

"देखो, बब्बू...पेड़-पौधे बरसात में ही नहीं नहाते; धूप में भी नहाते हैं।"

''तो माँ, क्या मैं भी धूप में नहा रहा हूँ'' मैं पूछता।

''हाँ''—माँ हँसकर कहती।

''तो मुझे पानी से नहीं नहाना पड़ेगा?''

''हट, पगले'' माँ ज़ोर से हँसती—''वो तो नहाना पड़ेगा।''

मैं कुछ तुनक जाता। जब धूप में नहा लिया तो पानी में नहाने की भला क्या ज़रूरत। मैं थोड़ी देर के लिए माँ से बातचीत बंद कर देता और उसकी बातों के बीच बस ''हाँ हूँ...'' करता या चुपचाप रहता। पर यह नाराज़गी अधिक देर नहीं चलती। फूलों की जंगली झाड़ियों पर मँडराती पीली-पीली तितलियों को देख मैं दौड़ पड़ता—''माँ; मैं तितलियाँ पकड़ूँ?''

लेकिन मैं तितलियाँ पकड़ नहीं पाता। मेरे पहुँचते ही तितलियाँ उड़ जाती थीं। सुबह की धूप दोपहर की धूप जैसी गाढ़ी-पीली नहीं होती थी। माँ इसे सुआपंखी धूप कहती थी।

मैं थक न जाऊँ-यह सोचकर माँ मुझे बहलाने के लिए रास्ते में कभी-कभी कहानियाँ भी सुनाती। सूर्य पुत्र कर्ण की कथा मुझे ऐसे ही सुनाई थी। कभी कुसुम या कहुआ के पेड़ पर हरदुलिया चिरई दिख जाती तो माँ प्रसन्न हो जाती-''बब्बू, लगता है आज फूलों के सारे दोने बिक जाएँगे।''

''कैसे माँ?'' मैं पूछता।

''हरदुलिया चिरई जो दिख गई। इसका दिखना बड़ा शुभ होता है। सारे काम उस दिन हो जाते हैं।'' ''अच्छा!''—मैं अचरज से हरदुलिया को देखता। वह गाढ़े पीले रंग की चिड़िया थी। कभी-कभी दिखती। घने जंगलों से आती। उसके बोलने से ''गोपी...कृष्ण..., गोपी...कृष्ण...'' जैसा स्वर सुनाई देता। माँ कहती; ''यह हमारी पुरखिन है और भक्तिन चिड़िया है। तीरथ करके आई है।'' मुझे और अचरज होता। उस दिन से हरदुलिया दिखने पर मैं माँ को उँगली के संकेत से ज़रूर बताता-''माँ...माँ...इधर देखो...हरदुलिया...वह नाग चंपा पर बैठी हुई है।'' नाग चंपा के पेड़ केवल जंगल में ही दिखाई देते हैं। माँ हमेशा की तरह प्रसन्न हो जाती थी।

और सचमुच कुछ ऐसा होता कि उस दिन फूलों के हमारे सारे दोने बिक जाते थे। जब फूल बिकने से बच जाते तो माँ मुझे कस्बे की दुकान से खस्ता खरीद कर देती थी। लेकिन सारे फूल बिक जाने पर होटल से एक पेड़ा खरीदकर देती। मैं बहुत खुश हो जाता। गोल-गोल खूब चीनी और खोवे से

बना पेड़ा मुझे बहुत पसंद था। उस दिन मेरा बड़ा दिन होता था।

लौटते समय सुबह जैसी हड़बड़ी नहीं होती थी। माँ कस्बे की दुकान से गिरस्ती का सामान थोड़ा-बहुत खरीद लेती थी। हम आराम से कुछ धीरे-धीरे लौटते थे। शायद थकान के कारण। लेकिन दोपहर चढ़ चुकी होती। माँ को खाना बनाना पड़ता। उनको बखरी में, गेंदों के खेत में काम कर रहे पिता की भूख की चिंता भी सताने लगती थी।

लौटते में मैं गाँव के घरों को निहारता आता था। हमारा घर गाँव के अंत में था। हम बीच बस्ती से नहीं आते। गाँव के बाहर-बाहर आते। जंगल के बीचों-बीच एक तालाब पड़ता जो पुरइन पान और कमल फूलों से भरा था। उन पर जलपाँखी उड़ते रहते। माँ और मैं वहाँ नहा लेते थे। तालाब पूरी तरह निर्जन होता था।

गाँव के घर पीली छुही (चूने) से लिपे हुए थे और आँगन गोबर से। छानी में लौकी-तूमे की नार चढ़ी थी और कहीं-कहीं कुम्हड़े के पीले फूल नार में फूले हुए थे। किसी-किसी घर में सफ़ेद दीवार पर हल्दी वाले हाथों की छाप दिखती। पूछने पर माँ बताती—

"शादी-ब्याह जैसे शुभ काम होने पर हल्दी वाले हाथों की ऐसी छाप कोरी दीवाल पर बनाई जाती है। दुल्हन पीली साड़ी पहनकर अग्नि के सात फेरे लेती है और पीली साड़ी पहनकर ही रोती हुई विदा होती है"

"वो क्यों रोती है माँ?"

"क्योंकि उसका घर छूट जाता है।"

"तुम भी रोई थीं माँ?"

"हाँ, मैं भी रोयी थी।"

"तो क्या नाना-नानी का घर ही पहले तुम्हारा घर था?"

"हाँ पहले वही घर मेरा था।"—माँ जबाव देती।

एक घर के आँगन में सूरज जैसा एक बड़ा पीला फूल खिला था। मैंने पूछा—"माँ; देखो, वह कौन-सा फूल है?"

"वह सूरजमुखी है। सूरज जिधर रहता है, उधर ही इस फूल का मुँह रहता है—सुबह पूरब की तरफ शाम को पश्चिम की तरफ़। इसलिए इसका नाम सूरजमुखी है।"

"अच्छा!"—मैं घनघोर आश्चर्य से उस बड़े से फूल की तरफ़ देखता,

ऐसा लगता, जैसे सूरज ही धरती पर उतरकर, फूल बनकर खिला हुआ है लेकिन इसे देखने से आँखें नहीं चौंधियाती थीं।

घर लौटने तक पिता गेंदों के पौधों की गुड़ाई का काम खत्म कर चुके होते थे। हमें देखकर कुदाल एक तरफ़ रखकर वो आँगन में आते। उनके कुछ पूछने से पहले ही माँ हँसकर खुशखबरी सुना देती—

"आज सारे फूल बिक गए।"

"अच्छा।"—पिता खुश होकर आँगन के चौरे पर बैठ जाते।

उस दिन घर में उत्सव जैसा माहौल होता। माँ सिल पर हल्दी-मिर्च पीसकर मसालेदार सब्ज़ी बनाती। गुड़-दूध और नारियल डालकर तसमई (खीर) बनाती। दीया-बाती के बेर तुलसी के दीये में अधिक तेल भरती तो वह रात तक जलता रहा। तब तक चूल्हे की राख से काँच साफ़ कर माँ लालटेन जला लेती।

मैं दिन भर थका होता। मुझे जल्दी भूख लगती, जल्दी नींद आती। माँ मुझे सबसे पहले खिलाकर खाट पर थपकी देकर, लोरी गाकर सुला देती। मैं अधनींद में माँ और पिता को चटाई पर बैठकर खाना खाते देखता रहता। उनकी थाली पीढ़े पर रखी होती थी। जलती हुई लालटेन की मटमैली पीली रोशनी में मिट्टी की हमारी कोठरी दमकती रहती। मैं झपकी लेते हुए लालटेन की तरफ़ देखता। मुझे लगता, सूर्य डूबकर भी डूबता नहीं है। वह दीया-बाती के बेर दीये की लौ में भेष बदलकर आता है और रात को लालटेन की लौ में छुपकर हमारी तरफ़ मुस्कुराता रहता है।

सफ़ेद

माँ का चेहरा भय से सफ़ेद पड़ गया। पिता विशाखापटनम की गलियों में नमक बेचते हुए चक्कर खाकर गिर पड़े थे। उनके साथियों ने उन्हें वहाँ के सरकारी अस्पताल में भर्ती कराया था।

माँ की दाईं आँख आज सुबह से ही फड़क रही थी। माँ ने बताया- "दाईं आँख का फड़कना शुभ नहीं होता।" पिता आज केवल एक नारियल पीकर ही नमक बेचने चले गए थे। देर हो रही थी। माँ ने उपमा बना दिया था लेकिन उन्होंने खाया नहीं। उन्हें साथियों के साथ बस से विशाखापटनम जाना पड़ता था। नमक के बोरे वे बस के ऊपर छत पर लाद लिया करते थे। विशाखापटनम में हमारे मामा रहते थे। उनके घर के आँगन में एक तरफ़ पिता और उनके साथियों की नमक बेचने वाली हाथ गाड़ियाँ खड़ी रहती थीं। पिता दो चक्के वाली उस हाथ गाड़ी में बोरे का गड़ा नमक भर लेते थे। उसमें एक किलो के नाप का एक डिब्बा होता था। विशाखापटनम की गलियों में वे "उप्पू...उप्पू..." (नमक-नमक) की आवाज़ लगाते थे। लोग डिब्बे के नाप पर भरोसा करते थे, संदेह नहीं करते थे। लोग एक किलो, दो किलो या तीन किलो नमक ज़रूरत के अनुसार खरीद लेते थे। विशाखापटनम समुद्र तट पर बसा आंध्रप्रदेश का एक बड़ा शहर था। पिता और उनके तीन-चार साथी अलग-अलग मोहल्लों में बँट जाते थे। कोई अक्कईपालेम में नमक बेचता, कोई डोण्डापर्ती में। कोई ज्ञानापुरम में नमक बेचता, कोई गोपालपटनम तो कोई सिंहाचलम में। ये लोग नमक बेचने गाजुवाका, मलकापुरम और कैलासपुरम तक जाते।

पिता सफ़ेद लुंगी को घुटनों तक मोड़कर पहनते। ऊपर सफ़ेद बनियान

या हाफ़ कुर्ता (सलूखा) पहनते। इनकी ज़ेब में अग्ग पेटी (दियासलाई) और बीड़ियाँ रखी होतीं। जिन्हें वे थक जाने पर सुस्ताते हुए पीते। एक बीड़ी उनके कान में भी खुँसी रहती। वे नंगे पाँव घूमते थे। नमक गाड़ी उनके सामने रहती जिसे पीछे से ठेलते हुए वे नमक बेचते। टीकाटीक दोपहर में घूमते हुए उनका गला सूखने लगता। आँखें मुँदने लगतीं। साँवला शरीर पसीने से तरबतर हो जाता। पाँव दुखने लगते लेकिन जब तक सारा या ज़्यादातर नमक बिक नहीं जाता। वे आराम की साँस नहीं लेते। नमक बेचते हुए उन्हें दुनिया नमक की तरह लगती—नमकीन और खारी। वे जैसे मिठास की खोज में भटकते रहते थे।

मामा अक्सर उनको समझाते—"श्रीनू तुम इतनी मेहनत क्यों करते हो। अपनी सेहत का भी थोड़ा ध्यान रखो। मैं रमणम्मा (चेल्ली/बहन) से भी बात करूँगा।" पिता का नाम श्रीनिवास था। श्रीनू उनके प्यार का नाम था। माँ का नाम रमणम्मा था। पिता चुप रहते। कुछ नहीं कहते। मामा भी समझते थे। हमारी दाल-रोटी का आसरा यह नमक ही था। इसकी सफ़ेदी में ही हमारी लक्ष्मी का वास था।

हालाँकि अब अख़बारों में आयोडिन नमक का हल्ला था। डॉक्टर कह रहे हैं, उसे खाना ज़रूरी है। नहीं तो, घेंघा रोग हो जाएगा—पिता अक्सर माँ को बताया करते थे। शुरू-शुरू में तो पिता भी डर गए थे और माँ भी। अगर यह गड़ा नमक न बिका तो...! अगर लोग पैकेट बंद आयोडिन नमक ही खाने लगे तो... ? लेकिन, शुक्र है, ऐसा नहीं हुआ। लोग हमारा नमक ही खरीदते और खाते रहे। उनका यह कहना था कि जब एक ज़माने से यही नमक खाते हुए घेंघा या दूसरा कोई रोग नहीं हुआ, तो अब इसमें संदेह करने से कोई लाभ नहीं। ये केवल नमक बेचने वाली कंपनियों की चालें हैं। उनके पास पैसा है, विज्ञापन है। अपनी चीज़ों को बेचने के लिए वे कैसा भी प्रचार-कुप्रचार कर सकते हैं। लेकिन कम से कम आंध्र के लोग तो उनके झाँसों में आने से रहे। बात ठीक भी थी। पिता और माँ ने राहत की साँस ली।

हम भीममुनीपटनम में रहते थे। यह विशाखापटनम से तीस किलोमीटर दूर एक समुद्री गाँव था। तीस किलोमीटर लम्बा मार्ग समुद्र के किनारे-किनारे जाता है। एक तरफ़ ठाठें मारता समुद्र था और उसके रेतीले तट पर नारियल, केजोरिना और काजू के जंगल तो दूसरी तरफ़ सघन जंगल और पहाड़ थे।

हमारा मिट्टी का घर समुद्र तट पर ही था। सामने लम्बे-चौड़े रेतीले तट

पर नारियल, केजोरिना और काजू के पेड़ थे। यहाँ नावें खड़ी रहतीं जिनमें मछेरे मछली पकड़ने समुद्र में जाया करते थे। उनके गीले जाल भी यहीं धूप में सूखते रहते थे। कभी-कभी पिता भी मछेरे दोस्तों के साथ मछली पकड़ने जाया करते जब नमक का धंधा कुछ मंदा चलता। लोग अगर अधिक नमक खरीद लेते तो उन्हें रोज़ नमक खरीदने की ज़रूरत नहीं पड़ती थी। तट पर मछलियाँ भी सूखती रहतीं जो दुर्दिनों में खाने के काम आती थीं।

समुद्र की सबसे अच्छी मछली का नाम वंजीरम था। पिता को उनके साथी कभी-कभी वह मछली दिया करते तो वे लेकर आते। माँ उस चमकीली और सुंदर मछली को मुझे दिखाती। वह एक-दो किलो की बड़ी मछली होती थी—

"चिट्टी...देखो...यह वंजीरम है। समुद्र की सबसे अच्छी मछली।"

मेरा नाम चिट्टी बाबू था। चिट्टी यानी छोटा, बाबू यानी बच्चा। छोटा बच्चा तो मैं था ही। लेकिन दिक्कत यह थी कि "चिट्टी बाबू" मेरे घर और बाहर—दोनों का नाम था। मेरा अलग से कोई प्यार का नाम नहीं था। पुकारते वक्त माँ और पिता मुझे चिट्टी (छोटू) कहकर पुकारते थे। मैं अक्सर असमंजस में पड़कर माँ से पूछता—

"माँ...जब मैं बड़ा हो जाऊँगा तब भी क्या चिट्टी बाबू (छोटा बच्चा) ही रहूँगा?"

"हाँ"—माँ कहती—"तुम छोटे बच्चे ही रहोगे।"

"लेकिन माँ, मैं तो बड़ा हो जाऊँगा।"

"तुम बड़े होकर भी छोटे बच्चे रहोगे।" माँ हँसती। तब मैं गुस्सा हो जाता था।

भीममुनीपटनम में छोटे पहाड़ पर एक मन्दिर था। हम मन्दिर को गुड़ी कहते थे। मैं माँ के साथ मन्दिर जाया करता था। माँ धीरे-धीरे पहाड़ की सीढ़ियाँ चढ़ती थी। मैं दौड़ता हुआ चढ़ता और माँ से आगे निकल जाता। फिर सीढ़ियों पर बैठकर माँ के ऊपर आने का इंतज़ार करता। माँ पूजा की थाल लिये आती और सीढ़ी पर मेरी बगल में बैठ जाती। वह थक जाती थी। यहाँ से नमक के हमारे तीनों खेत दिखते थे।

माँ उँगली से दिखातीं—

"वो देखो, हमारे खेत..."

नमक के खेत सफ़ेद-सफ़ेद दिखते और धूप में चाँदी की तरह चमकते।

नमक के बड़े-बड़े ढेले यहाँ ऊँचाई से मोती जैसे चमकते दिखाई देते। मैं माँ और पिता के साथ जब खेत जाता तब दूर तक उजला, दूर तक सफ़ेद दिखाई देता। हमारे तीनों खेत एक-दूसरे से जुड़े हुए थे। बस मेड़ों का रंग धूसर था।

"इतना सफ़ेद देखकर..." माँ कहती—"मन और आत्मा का सारा कलुष मिट जाता है। सफ़ेद सरस्वती का रंग है और उन मोतियों का भी जो स्वाति नक्षत्र की बूँदों से सीपियों में पलते हैं।"

मैं मुग्ध भाव से सुनता रहता। माँ कहती जाती—"यह हंस का रंग है, लोक कथाओं में जो मानसरोवर के मोती चुगता है। यह काँस और पारिजातम के फूलों का रंग है।"

काँस अश्विन के मैदानों में फूलते थे। इनके फूलने से वर्षा ऋतु बीत जाती थी और शीतकाल आरंभ हो जाता था। पारिजातम को आंध्र में पारिजातम् कहते हैं। हरसिंगार, शेफालिका, शेफाली, शिउली इसके अन्य नाम हैं। यह सब माँ ही मुझे बताती थी। पारिजातम् का झाड़ हमारे आँगन में था। इसका डण्ठल केसरिया होता लेकिन फूल नन्हें-नन्हें सफ़ेद रंग के होते थे। ये रात भर महकते और सुबह-सुबह झड़ जाते। इन झड़े हुए फूलों से हमारा गोबर लिपा मिट्टी का आँगन भर जाता। मैं इन्हें दोनों हाथों में भरकर रसोई में अन्नम, पप्पू (भात, दाल) और चारू पानी (रसम) बना रही माँ के पास जाता—

"माँ...माँ पारिजात..."

तब माँ मुस्कुराती और मेरे सिर पर प्यार से हाथ फेरती। मुझे यह बहुत अच्छा लगता था।

हम नमक के खेतों में मेड़ पर बैठकर सुस्ताते और देर तक बातें करते। पिता खेत में काम करते रहते। मैं कहता—

"माँ, तारों का रंग भी सफ़ेद होता है न?"

"हाँ"—माँ कहती—"और काग़ज का भी जिस पर हम लिखते-पढ़ते हैं और विद्या ग्रहण करते हैं। स्लेट पर लिखने वाली कलम और श्यामपट पर लिखने वाले चाक का रंग भी सफ़ेद होता है।"

माँ विशाखापटनम में नानी के घर चौथी कक्षा तक पढ़ी-लिखी थी और थोड़ा-बहुत लिख-पढ़ लेती थी। पिता लेकिन कभी स्कूल नहीं जा सके थे।

"तुम जब कुछ और बड़े होगे..." माँ कहती "तब गाँव की पाठशाला में पहली कक्षा में तुम्हारा नाम लिखवाएँगे।"

"कौन-सा नाम?"

"चिट्टी बाबू। और क्या..." माँ धीरे से मेरे गाल में चुटकी लेती और हँसती।

मुझे गाँव की पाठशाला के बारे में पता था। उसकी दीवारें सफ़ेद चूने से पुती हुई थीं।

माँ कहती—"हाँ, लोग घरों में भी सफ़ेदी करवाते हैं। घर की दीवारों का सफ़ेद होना शुभ होता है।"

"लेकिन माँ, भास्कर की माँ सफ़ेद साड़ी क्यों पहनती है?"

माँ थोड़ी देर चुप रही। फिर बोली—

"जब किसी स्त्री का पति मर जाता है तब उसे सफ़ेद साड़ी पहननी पड़ती है। वह रंगीन साड़ी नहीं पहन सकती। माँग में सिंदूर नहीं भर सकती। माथे पर बिंदी नहीं लगा सकती। हाथों में चूड़ियाँ नहीं पहन सकती।"

"भास्कर के पिता मर गए हैं?"

"हाँ"

"कैसे माँ?"

"वो समुद्र में डूब गए। मछली पकड़ने गहरे समुद्र में गए थे। तूफ़ान में उनकी नाव पलट गई।"

"वो तैर कर किनारे नहीं आ सकते थे?"

"कोई कितनी दूर तैरकर आएगा चिट्टी। वो गहरे समुद्र में तट से बहुत दूर थे। समुद्र में तूफ़ान था। ऊँची-ऊँची लहरें थीं। रात का समय..."—माँ ने गहरी साँस ली।

उसके बाद माँ चुप रही। मैं भी सोच में पड़ा रहा। तो क्या मेरे पिता भी जब मर जाएँगे तो माँ को सफ़ेद साड़ी पहननी पड़ेगी। पर ऐसा सोचने से मुझे दुःख हुआ। मैंने माँ से फिर कुछ नहीं पूछा। मैं दौड़कर खेत में काम करते पिता से जाकर लिपट गया—

"अब घर चलो"

और हम तीनों लौट आए। उस दिन मैं पिता की गोद में ही घर लौटा।

माँ मुझे नमक के खेतों के बारे में जब-तब बहुत सारी बातें बताती रहती थी। नमक के खेत कैसे बनाये जाते हैं। नमक के खेत और धान-गेहूँ के दूसरे खेतों में क्या अंतर है। माँ से ही मुझे पता चला कि नमक के खेत

वास्तव में असली खेत नहीं हैं। हम सुविधा के लिए इन्हें खेत कहते हैं। क्योंकि खेत तो वो होते है जहाँ कुछ उगता है। जैसे धान के खेत, गेहूँ के खेत, चने के खेत, दाल के, गन्ने के खेत, आदि। नमक तो खेत में उगता नहीं था। वह समुद्र के पानी को खेतों में भरकर उसे सुखा कर बनाया जाता है। समुद्र का पानी बहुत खारा होता है। उसमें नमक होता है। पानी खेतों में जब सूख जाता है, प्रचण्ड धूप में जब वाष्प बन कर उड़ जाता है तब अंत में सफ़ेद नमक बड़े-बड़े ढेलों की शक्ल में बचा रह जाता है। इसे ही तोड़-तोड़ कर नमक बनाते हैं और बेचते हैं।

"लेकिन समुद्र का पानी खेतों में कैसे भरते हैं, माँ" मैं पूछता।

"जब समुद्र में ज्वार आता है..."—माँ बताती—"तब छोटी-छोटी नालियाँ पहले से तैयार रखी जाती हैं। ज्वार का पानी खेतों में इन्हीं नालियों से आकर भर जाता है। पानी के आते ही, उसके उतरने से पहले तुरंत ही जल्दी-जल्दी फूटी हुई मेड़ को मिट्टी से बंद कर दिया जाता है। यह काम फुर्ती से करना पड़ता है। इस तरह खेत में भरा हुआ ज्वार का पानी कई दिनों तक तेज़ धूप में धीरे-धीरे सूखता और उड़ता रहता है। फिर नमक बनता है।"

मैं बड़े ध्यान से सुनता रहता। नमक ज़रूर खारा होता है लेकिन नमक बनने की कहानी मुझे बहुत मीठी-मीठी लगती। रसोई के आले में काँच के दो बड़े ज़ार थे। एक में उप्पू (नमक) भरा था और दूसरे में पंचदारा (चीनी) भरी हुई थी। मैं देखता और सोचता। दोनों का रंग सफ़ेद है लेकिन स्वाद में कितना अंतर है।

मुझे उन ज़ारों की तरफ़ निहारते देख माँ पूछती—

"चिट्टी, तुम्हें दोनों में से कोई एक चीज़ ही लेनी पड़े तो तुम क्या लोगे?"

"पंचदारा (चीनी)..." मैं तुरंत कहता।

"नहीं...."—माँ समझाती—"तुम्हें नमक लेना चाहिए। चीनी के बिना हम जी सकते है, नमक के बिना नहीं।"

तब मैं निरुत्तर हो जाता था। माँ बताती, समुद्र से हमें मछलियाँ मिलती हैं और नमक भी। समुद्र हमारा अन्नदाता है। समुद्र न होता तो हम न होते। हम धरती पर रहते हैं। वह हमारी माँ है लेकिन समुद्र हमारा पिता है। हम समुद्र के ऋणी हैं। माँ रोज़ सुबह नहा कर समुद्र को प्रणाम करती थी।

पिता विशाखापटनम के सरकारी अस्पताल में भर्ती थे। उनके साथियों ने उन्हें वहाँ भर्ती कराया था। उनकी देख-रेख मामा-मामी ठीक से कर रहे थे। वो उस दिन खाली पेट थे। भरी दोपहर। कड़ी मेहनत। चक्कर आया और गिरकर मूर्च्छित हो गए। माँ रोज़ बस में बैठकर उन्हें देखने जाती और शाम होने तक भीममुनीपटनम आखिरी बस पकड़कर लौट आती। तब तक मैं पड़ोस की वनजा चाची के पास रहता। घर-गिरस्ती के ढेर काम फैले हुए थे। नाना-नानी-मामा के आग्रह के बावजूद माँ लौट आती थी। पिता स्वयं चाहते थे कि माँ लौट जाए। नहीं तो, इधर गाँव के घर में बड़ा नुकसान हो जाता।

माँ इन दिनों बहुत परेशान, दुःखी और अस्त-व्यस्त-सी रहती। उनका मन उचाट-सा रहता। मेरे सवालों के जवाब भी वो बस "हाँ...हूँ..." में देती। मैं भी अधिक सवाल नहीं करता। वह लौट तो आती लेकिन सारा ध्यान उनका पिता की ओर ही रहता। जब-तब वह पिता की बात करने लगती। मैं उनके कुछ बोलने से ही पिता के बारे में कुछ जान पाता।

एक दिन माँ अस्पताल से लौटकर खूब रोयी। मैं डर गया और बस माँ से लिपटा रहा। और मैं कर भी क्या सकता था। उस रात घर में खाना भी नहीं बना। वनजा चाची के घर से खाना आया। मुझे चाची ने ही खिलाया। माँ ने लेकिन कुछ नहीं खाया। वनजा चाची बड़ी देर तक माँ को समझाती रही। उस रात माँ को बुखार हो गया। सुबह माँ अस्पताल नहीं जा सकी। नानी छोटे मामा के साथ गाँव आ गई। छोटे मामा और नानी सारा दिन रहे और माँ को समझाते रहे। नानी ने घर का सारा काम किया। खाना बनाया। माँ को बुखार की गोली दी। शाम तक माँ का बुखार उतर गया। वनजा चाची द्वारा देख-रेख का भरोसा देने पर शाम को नानी और मामा विशाखापटनम लौट गए।

अगले दिन भी माँ काफ़ी कमजोर थी। वह अस्पताल पिता को देखने नहीं जा सकी। बिस्तर पर वह गुमसुम लेटी रही। बीच-बीच में उठती। छोटे-मोटे काम करती फिर लेट जाती। मुझे कुछ भी अच्छा नहीं लग रहा था। रोना-रोना आता था। बहुत डर लगता था। मैं खेलने नहीं जाता। माँ के पास ही बैठा रहता। क्या पिता कभी घर नहीं लौटेंगे? क्या पिता मर जाएँगे... ? भास्कर के पिता की तरह... ? क्या माँ को सफ़ेद साड़ी पहननी पड़ेगी। मैं इस कल्पना मात्र से काँप उठा।

मणिक्याला मुझे खेलने के लिए बुलाने आया। दोपहर का फूल कुम्हला रहा था।

"चिट्टी, चलो, काजू के बगीचे में खेलने चलते हैं।"

"मैं खेलने नहीं जाऊँगा।"

"एँदकू (क्यों) ?"

"ऐसे ही"

"जाओ; थोड़ा खेल आओ"—मुझे खिन्न और उदास देखकर माँ ने कहा—"मन बदलेगा"

मैं मणिक्याला के साथ चला आया। समुद्र तट पर काजू के ढेर पेड़ थे। वन की तरह। हम उसे बगीचा कहते थे। काजू के पेड़ टेढ़े-मेढ़े होते थे। उनकी डालियाँ ज़मीन पर लोट जाती थीं। हम बच्चों के लिए उन पर चढ़ना-बैठना-झूलना आसान होता था। हम कुछ देर डालियों में चढ़ते-उतरते और झूलते रहे। पर खेल में मेरा मन लग नहीं रहा था। अंत में, मैं एक डाली पर बैठ गया और समुद्र की ओर देखने लगा।

"चिट्टी तुम तो खेल नहीं रहे हो"—मणिक्याला ऊब गया।

"मैं अब नहीं खेलूँगा"—मैंने कहा।

"अलागे, नेनु वस्तुन्नानु" (ठीक है, मैं जा रहा हूँ)—उसने कहा

"वेल्लू (जाओ)"—मैंने कहा। और वह चला गया।

समुद्र की लहरें दौड़-दौड़ कर मेरी तरफ़ आ रही थीं और तट की चट्टानों से टकराकर लौट रही थीं। ऊपर जलपाँखी मँडरा रहे थे और नीचे दोपहर का समुद्र हल्दी मिले दूध की तरह लग रहा था। हवा में नारियल और केजोरिना के पेड़ हिल रहे थे। नावें सूनी और उदास पड़ी थीं। तट निर्जन था। ऐसे सुंदर समय में मेरा मन उचाट और उदास था।

मैं डाल से उतरकर समुद्र के करीब गया। लहरों में मेरे पाँव भीगने लगे। लौटती हुई लहरें मेरे पाँवों तले की रेत को बहाकर ले जाती थीं। माँ कहती है, समुद्र अन्नदाता है, हमारा पिता है, देव है। मैंने दोनों हाथ जोड़कर आँखें बंद कीं और समुद्र से प्रार्थना की—

"ओ समुद्र देवता; मेरे पिता को जल्दी ठीक कर दो। उन्हें वापस भेज दो।"

और समुद्र में एक ऊँची लहर उठी। इस बार समुद्र ने ज़ोर से गर्जना

की। क्या समुद्र ने ''हाँ'' कहा। क्या समुद्र ने मेरी प्रार्थना सुन ली?

तभी तट से भास्कर चिल्लाया—

''चिट्टी, तुम्हारी नानी और मामा आए हैं।''

मैं घर की तरफ़ दौड़ा। और यह क्या?

बड़े मामा और नानी के साथ पिता भी थे। उनके माथे पर पट्टी बँधी थी। मुझे देखकर पिता मुस्कुराने लगे। मैं दौड़कर उनसे लिपट गया।

माँ ने खिड़की से देखा। वह दरवाज़े तक आई और चौखट पर खड़ी हो गई। उसके चेहरे पर अपूर्व सुख और संतोष था।

अब पिता फिर नमक बेचने जाएँगे। अब माँ की साड़ी का रंग कभी सफ़ेद नहीं होगा।

काला

मेरी माँ हड़ियल थी लेकिन बहुत काम करती थी और कभी नहीं थकती थी। उसका रंग काला था लेकिन वह बहुत मीठा गाती थी। सब कहते—"सावित्री तो कोयल है।"

माँ छोटी और मुझे खूब प्यार करती थी। वह छोटी को कभी अपना दूध पिलाती, कभी गिलास में गुड़ वाला दूध ठण्डा करके देती। मुझे फूल काँस के कटोरे में रोज़ रात माँ दूध-रोटी देती। रोटी खूब गरम दूध में फूल जाती तो माँ उसे गुड़ डालकर मसल देती। मुझे दूध-रोटी बहुत पसंद थी।

मैं तो छोटा था ही, छोटी मुझसे भी छोटी थी। हम दोनों एक-दूसरे के लिए खिलौना थे। छोटी माँ की गोद में ही सो जाती और मैं खटिया में लेटे-लेटे सोता। माँ मुझे थपकी देकर बहुत मीठे सुर में गाती—

रेशम की डोर बँधे, चंदन का पालना
सो जा मेरे राजा बेटा, कहना ना टालना

और मैं धीरे-धीरे गहरी नींद में सो जाता। माँ ने मेरे गले में काला धागा बाँध रखा था। कहती थी, इससे किसी की नज़र नहीं लगेगी। वह मुझे और छोटी को नज़र से बचाने के लिए काजल का ढिठौना भी लगाती थी। काजल वह खुद बनाती थी। इसके लिए घी का दीया जलाकर पास में गिलास को उल्टा रखकर उस पर प्लेट उलट कर टिका देती। लौ की कालिख प्लेट में जमती जाती। दीये के बुझने पर कालिख में गाय का घी मिलाकर वह एक डिबिया में भर लेती। इस तरह काजल तैयार हो जाता। माँ काली थी लेकिन उसका मन चंदन जैसा उजला था।

मैं पूछता—"माँ, तुम काजल क्यों नहीं लगातीं?"

वह हँसती—"मैं तो खुद इतनी काली हूँ। काजल क्या लगाऊँ। काजल तो मैं तुम लोगों के लिए बनाती हूँ।"

"लेकिन माँ, हम लोग गोरे क्यों हैं? जब तुम काली हो..."

"क्योंकि तुम्हारे पिता गोरे हैं।" माँ फिर हँसती।

पिताजी गोरे और लम्बे थे और पास के कस्बे में रिक्शा चलाते थे। कस्बा गाँव से चार कोस दूर था। इसलिए वो सुबह एक बार निकल जाते तो सीधे रात को घर आते थे। माँ बताती, दोपहर को भूख लगने पर होटल में ही समोसा-भजिया कुछ खाकर चाय पी लेते हैं। कभी माँ जल्दी रोटी सेंक पाती तो एक पोटली में रोटी-गुड़ रख देती थी। लेकिन पिता रोटी बनने का बिलकुल इंतज़ार नहीं करते थे। वो दातून करके, नहाकर चाय पीते ही निकल जाते थे।

"इन्हें पैसा कमाने की धुन सवार है..."—रोटी न ले जाने पर माँ गुस्से में बड़बड़ाती।

फिर गहरी साँस भरकर खुद ही कहती—"कमाएँगे नहीं, तो चार-चार प्राणियों का घर कैसे चलेगा।"

लेकिन पिताजी रोज़ रात को पीकर आते और माँ से झगड़ा करते। हम बच्चे उन्हें गुस्से में देखकर सहम जाते। कभी पिता जब बिना पिये आते, या किसी दिन वो काम पर नहीं जाते तो हमें प्यार भी बहुत करते। छोटी को वो आकाश की तरफ़ उछालते और गिरने से पहले थाम लेते। छोटी खूब किलकती। मुझे भी कंधे पर बिठाकर जामुन की डाल झुकाते और कहते, तोड़ो। मैं अपने हाथों से काले-काले जामुन तोड़कर बहुत खुश होता। उस दिन माँ भी लाल-लाल बिंदिया और गुलाबी साड़ी में बहुत सुंदर दिखती।

"कल से फिर पीकर आओगे तो सब लाड़-दुलार भूल जाओगे।" माँ उलाहना देती।

पिता कुछ नहीं कहते। चुपचाप मुस्कुराते रहते।

एक दिन खूब पानी बरस रहा था। भादों की काली रात थी। बाहर जामुन जैसा काला अँधकार फैला हुआ था। माँ को खूब बुखार चढ़ा। वह दो-तीन दिन से थोड़ी-थोड़ी बीमार थी। पिताजी घबरा गए। रिक्शे में छाता तानकर पास के कस्बे गए। खूब हाथ-पाँव जोड़ने पर एक डॉक्टर रिक्शे में गाँव आने को तैयार हुआ। उसने माँ को दवा पिलाई। बाँह में सुई भी लगाई लेकिन माँ

होश में नहीं थी। बेहोशी में ही बीच-बीच में जाने क्या-क्या बड़बड़ाती थी। डॉक्टर ने सुबह माँ को कस्बे के सरकारी अस्पताल में भर्ती करने के लिए कहा। पिता डॉक्टर को वापस छोड़ने चले गए। तब तक पड़ोस की विमला मौसी माँ के पास बैठी रही। लेकिन सुबह का सूरज माँ के भाग्य में लिखा नहीं था। माँ सुबह होने से पहले ही मर गई।

घर में और अड़ोस-पड़ोस में कोहराम मच गया। पिताजी फफक-फफक कर रो रहे थे। विमला मौसी और सब लोग उनको चुप करा रहे थे। फिर बाँस की लम्बी-सी खटिया बनाकर "राम नाम सत् है..." बोलते हुए सब लोग माँ को ले गए। दोपहर बाद पिता अकेले वापस लौटे। विमला मौसी हमें सम्हाल रही थी। हम बच्चों को ठीक-ठाक कुछ समझ में नहीं आ रहा था। माँ को क्या हुआ! क्या माँ अब कभी नहीं लौटेगी? क्या मर जाने का मतलब बहुत दिनों तक सोते रहना है! तो क्या माँ किसी दिन जाग भी सकती है?

लेकिन पड़ोस का रग्घू बता रहा था—"तुम्हारी माँ को तो सब लोग जला आए। अब वह कैसे जागेगी!" छोटी तो बहुत छोटी थी। उसे कुछ भी पता नहीं था। लेकिन मैं माँ की याद आने पर सिसक-सिसक कर रोने लगता। तब विमला मौसी मुझे चुप कराती और आँगन में जामुन की डाल पर बैठी बोलती हुई कोयल को दिखाती—

"छोटू, वो देखो, कोयल। तुम्हारी माँ मरने के बाद कोयल बन गई है। और कोयल बनकर तुम्हें देखने आई है।"

"अच्छा!" रोते-रोते मैं आश्चर्य से चुप हो जाता और कोयल की तरफ़ देखने लगता। मैं विमला मौसी के पास दूध पाउडर के डिब्बे से खेलती हुई छोटी को झिंझोड़ता—

"छोटी...छोटी...वो देखो माँ...कोयल बनकर माँ आई है।"

पर छोटी तो बहुत छोटी थी। कुछ भी नहीं समझती थी।

उस दिन से मैं रोज़ कोयल का इंतज़ार करने लगा। आसपास उसकी बोली सुनाई देने पर दौड़कर बाहर आता। किसी पेड़ की डाली पर दिख जाती तो खुश होकर ताली बजाता-"माँ...माँ...मैं छोटू...छोटी भी है...अंदर सो रही है..."

पर कोयल माँ पता नहीं, कितना सुनती, कितना समझती। थोड़ी देर के

बाद वह उड़ जाती और मैं उदास हो जाता। कोयल माँ मुझे दूध-रोटी नहीं दे सकती और न मुझे ढिठौना ही लगा सकती थी। पिता हम दोनों की हालत देखकर और दु:खी हो जाते थे।

कुछ समय बाद हमारे घर में नई माँ आ गई। वह बहुत गोरी और सुंदर थी पर माँ जैसी नहीं लगती थी। पिताजी के सामने वह हमें दुलारती और गोद में लेती लेकिन उनके काम पर जाने के बाद दिन भर वह हमें डाँटती और झिड़कती रहती।

छोटी और मैं साथ ही सोते। छोटी के बिस्तर गीला करने पर नई माँ मुझसे ही चादर धुलवाती और धूप में सुखवाती थी। घर में झाड़ू लगाने का काम भी मेरा था। छोटे-छोटे जाने कितने काम मुझे करने पड़ते। मैं बहुत थक जाता था। मैं कुएँ से पूरी बाल्टी पानी नहीं खींच पाता था। बाल्टी छोटी थी फिर भी भरकर भारी हो जाती थी। मैं बाल्टी को आधे से कम ही भरता था—कुएँ में झाँके बगैर—अंदाज़ से—लेकिन एक बार बाल्टी पूरी भर गई और थोड़ी दूर तक खींचने के बाद बाल्टी ही मुझे खींचने लगी। मैं घबरा गया और कुएँ के जगत में पाँव अड़ाकर ज़ोर-ज़ोर से "माँ...माँ..." चिल्लाने लगा। रस्सी छोड़ देने पर रस्सी-बाल्टी कुएँ में गिर जाती और नई माँ खूब डाँटती और चपत लगाती। न मैं बाल्टी खींच पा रहा था न रस्सी छोड़ पा रहा था। नई माँ आँगन में बैठकर काजल-टिक्की कर रही थी और दर्पण में अपना मुख देख रही थी। मेरे चिल्लाने पर क्रोध से कुछ देर मुझे घूरती रही। फिर क्रोध में पाँव पटकती आई। बाल्टी को कुएँ से निकालकर एक तरफ़ रखा और मुझे झिंझोड़ कर दो-तीन थप्पड़ लगाए—"नासपीटा, न मरता न मुटाता। गिर ही जाता कुएँ में तो मुक्ति तो मिल जाती...!"

उस दिन माँ को याद कर मैं खूब रोया। रात को खाते समय छोटी की दाल खतम हो गई। छोटी सूखा भात खाने लगी तो मैंने छोटी को अपनी दाल दे दी। मैंने नई माँ से दाल माँगी। नई माँ क्रोध में बिफर पड़ी—"अब नहीं है, दाल। ऐसे ही खाओ।" मैं चुपचाप सूखा भात खाने लगा। थोड़ी देर में मेरी आँख से आँसू बहने लगे। माँ होती तो फूलकाँस के कटोरे में दूध-रोटी देती। बाहर कोयल बोलने लगी-"अरे...इतनी रात...माँ आई है। तो माँ को सब पता है।"

लेकिन मैं दौड़कर बाहर नहीं जा सकता था। नई माँ गुस्सा होती।

उस रात देर तक कोयल बोलती रही। छोटी को थपकी देकर मैंने सुला दिया था। पिताजी पीकर लौटे थे और बिना खाये सो गए थे। नई माँ ने बत्ती बुझा दी थी। मुझे बड़ी देर तक नींद नहीं आई। फिर कोयल की बोली सुनते हुए मैं सो गया। सपने में मैंने देखा, जामुन की डाल से उड़कर कोयल आँगन में बैठ गई और धीरे-धीरे माँ में बदल गई है। माँ धीरे से किवाड़ खोलकर भीतर आई। उसने सोती हुई छोटी को गोद में लिया और मेरी उँगली पकड़कर बाहर निकल गई। बाहर गहरा अंधकार था—जामुन के रंग जैसा काला। लेकिन मुझे डर नहीं लग रहा था।

हरा

पीपल का पेड़ खूब हरा था—ऊँचा और घना। उसकी टहनियाँ सरोवर में झुकी हुई थीं। इसके नए चिकने पत्ते हवा में डोलते तो ऐसी "सर्... सर्..." आवाज़ आती जैसे बारिश हो रही हो। चारों तरफ़ जंगल था और उसके बाद पहाड़ दिखाई देते थे। तुहियामुड़ा गाँव कमार आदिवासियों का गाँव था जिसमें केवल थोड़े-से घर थे। गाँव कुछ दूरी पर टेकरी में बसा हुआ था और यहाँ से दिखाई नहीं देता था। घर सरई के पेड़ों में छुपे हुए थे। तालाब से कुछ दूर केवल एक मिट्टी का घर था जिसकी छानी पत्तों की थी। किवाड़ में बाहर से साँकल चढ़ी हुई थी। लेकिन ताला नहीं लगा था। सुदूर इन गाँवों में ताला-चाबी की अधिक पूछ-परख नहीं थी। पहली बात तो यही कि गाँव के लोग बहुत भले थे और सहकारिता से जीवन चलाते थे। और दूसरी बात, यहाँ अभाव था और गरीबी। खोने के लिए इनके पास कुछ नहीं था। इस एकमात्र घर के लोग शायद काम पर गए थे। दूर-दूर तक निर्जनता थी। तालाब का हरा पानी हवा में धीरे-धीरे डोल रहा था। पीपल का पीला पत्ता कभी टूटकर गिरता तो लहराता हुआ पानी में गिरता। मुझे वह गिरता हुआ पत्ता फिरकनी जैसा लगता था।

जब हमने तालाब किनारे इस पीपल के नीचे डेरा डाला तो चैत की धूप चढ़ने लगी थी। जँगल में सुबह की धूप भी हरी और सुआपँखी दिखाई देती है। गाँव के बारे में सारी बातें मुझे पिता से पता चलीं जो माँ को बताते रहते थे। माँ ध्यान से सुनती हुई "हूँ...हाँ" करके हुँकारा भरती रहती थी।

पिता ने अपने कंधों से उतार कर झोले पीपल की उभरी हुई जड़ों के बीच रख दिये। माँ ने भी गठरी उतार दी। हम थक गए थे। सुस्ताने लगे।

तालाब का पार (किनारा) ऊँचा और सुरक्षित था। पिता तालाब में जाकर हाथ-मुँह धोकर आ गए। मुरुम वाली ज़मीन थी। शायद इसलिए तालाब का पानी साफ़ था। नीचे तल तक धूप जा रही थी और तैरती हुई नन्हीं-नन्ही मछलियाँ दिख रही थीं।

"तो यह हमारा आज का घर है। है न माँ?"—बहन ने पूछा।

"हाँ," माँ ने कहा।

"तो माँ, हम लोग खेलें?"

"खेलो लेकिन बाद में थोड़ी सूखी लकड़ियाँ बटोर लाना। चूल्हा जलाना पड़ेगा।"

"ठीक है"—बहन बोली और हम पीपल की दूसरी तरफ़ खेलने आ गए। बहन मुझसे बड़ी थी। मैं सबसे छोटा था।

पीपल के चमकदार पत्तों से भरी टहनियों में कबूतर जैसे पंछी फुदक रहे थे। इनका रंग हरा था। बस गले का रंग भूरा-पीला था। सिर पर कोई कलगी नहीं थी। इनकी बोली बड़ी मीठी थी। ये जोड़ों में थे। और पीपल पर कई जोड़े हरे पंछी दिख रहे थे।

"दीदी, ये कौन-सी चिड़िया है?"

"पता नहीं"—बहन बोली—"मिट्ठू तो ये नहीं है। मिट्ठू की चोंच तो लाल होती है।"

"फिर"

"चलो माँ से पूछते हैं?" बहन ने कहा और हम माँ के पास आ गए।

"माँ...माँ...पीपल पर हरे-हरे ये कौन से पंछी हैं?"—बहन ने पूछा।

माँ झोले से निकालकर एल्युमीनियम की थाली में चावल चुन रही थी। उसने सिर उठाकर ऊपर देखा। फिर हँसकर बोली—

"ये तो हारिल हैं।"

"हारिल!"

"हाँ, हारिल। ये हरे कबूतरों जैसे दिखते हैं। घने ऊँचे पीपलों में रहना इन्हें पसंद है। ये कहीं एक जगह बसते नहीं। गाँवों में ये दूर पहाड़ों से आते हैं और घने जंगलों की तरफ़ उड़ जाते हैं। इन्हें पीकरी (पीपल के फल) पसंद हैं।

"इनकी कहानी हमारे जैसी है"—बीड़ी पीते हुए पिता हँसे—"ये पंछी जंगल के बंजारे हैं। हमारी तरह घुमंतु-फिरंतू—इन्हें जहाँ पीपल का हरा दिखाई

देता है, उस तरफ़ ये उड़ जाते हैं।''

''हरा मतलब दाना-पानी''—माँ ने समझाया—''जहाँ हरा होता, वहीं तो पशु-पंछी जाएँगे, इंसान भी दो जून की रोटी के लिए यहाँ-वहाँ भटकता है—भगवान ने पेट दिया है तो भूख भी दी है। हम भी हारिल हैं। हमारा हरा गेहूँ और धान का खेत है।'' माँ हँसी।

माँ की बात पर पिता चुपचाप मुस्कुराते हुए बीड़ी पीते रहे। हम माँ की बात ध्यान से सुन रहे थे। तब तक माँ तीन पत्थरों वाला चूल्हा सुलगा चुकी थी। लकड़ियों के लिए उसने हमारा इंतज़ार नहीं किया। खुद चुन लिया था। चूल्हे के लिए तीन पत्थरों का बंदोबस्त पिता ने किया था। डेकची में तालाब का साफ़ पानी आँचल से छानकर माँ ने चढ़ा दिया था। और अब अदहन खौल रहा था। बटकी में तालाब से वह चावल भी धो लाई थी। चरोहन (चावल धोने से निकला सफ़ेद पानी) उसने पीतल के लोटे में भर लिया था। यह साग का झोर (रस) बनाने के लिए कड़ाही में डाल दिया जाएगा—लहसुन-मिर्च का तेल में फोरन देने के बाद। एक शीशी में तिलक तेल भरा रखा था। पुड़ियों में लाल-मिर्च और लहसुन था। एक डिब्बे में गड़ा नमक भरा हुआ था। पिताजी हंसिये से आलू काट चुके थे और अब तरोई छील रहे थे। रास्ते से वे जंगली तरोइयाँ (डोड़का) तोड़ लाए थे जो पेड़ों से लटक रही थीं। तरोई की बेलें पेड़ों से लिपट कर गोल-गोल ऊपर चढ़ती चली गई थीं। इनके फूल पीले थे।

मैं बहन के साथ दोबारा हारिल को देखने में मग्न हो गया। एक-दो हारिल कुछ नीचे की टहनियों में उतर आते थे पर बहुत नीचे वो नहीं उतर रहे थे।

''माँ...''—मैं चूल्हा फूँकती माँ के पास गया—''हारिल जब तालाब में पानी पीने उतरेंगे, तब हम उनको ठीक से देख पाएँगे न?''

माँ चूल्हा फूँक रही थी—फुँकनी से—कुछ देर धुँआ उठा। फिर लपटों में आग सुलग उठी। मेरी बात सुनकर माँ बोली—''नहीं बेटा, जन्म से लेकर मृत्यु तक हारिल कभी धरती पर नहीं उतरते। प्यास लगने पर पत्तों से ओस की बूंदों को पी लेते हैं तो कभी बारिश की बूँदों को। लेकिन पानी के लिए ये कभी नीचे नहीं उतरते। इसलिए तो कहावत बनी है—हारिल की लकड़ी।

माँ को बचपन में भागवत महाराज से सुनी कथा याद आई—''महाराज जब बोलते तब हारमोनियम बजाना बंद कर देते—कवि सूरदास ने लिखा है, हमारे हरि तो हारिल की लकड़ी...गोपिकाएँ मथुरा से आए ऊधौ से कह रही

हैं, 'जिस प्रकार हारिल लकड़ी यानी पेड़ को छोड़कर कहीं नहीं बैठता उसी तरह हमारा मन हरि अर्थात कान्हा को छोड़कर कहीं नहीं लगता'।''

माँ की कथा को हमारे साथ-साथ तरोई छीलना भूलकर पिता भी सुनने लगे थे।

फिर पिता ने गहरी साँस भरी—

''हमारा गाँव तालेसर भी हमारे लिए हारिल की लकड़ी जैसा है, जहाँ हम जा रहे हैं...''

आज से कुछ दिन पहले तक ज़िन्दगी ऐसी नहीं थी जैसी दर-दर की ठोकरें आज खानी पड़ रही हैं। शहर में अच्छी-खासी मज़दूरी चल रही थी। छोटा-सा ही अपना एक ठौर-ठिकाना था। लेकिन चौबीस मार्च, मंगलवार की रात हमारे लिए कयामत की तरह आई। रात को आठ बजे प्रधानमंत्री का राष्ट्र के नाम संदेश। बारह बजे रात से देश भर में पूर्ण बंदी। कोई कहीं नहीं जा सकता। कर्फ़्यू लग जाएगा। जो जहाँ है, वहीं रहे। शहरों की-गाँवों की सीमाएँ सील कर दी जाएँगी। घोड़ा, गाड़ी, बस, ट्रेन सब बंद। विदेशों से आई कोई कोरोना नाम की बीमारी सब जगह फैल रही थी, इसलिए। देश में ऐसा समय आज तक पिता ने कभी देखा नहीं था।

मज़दूरी बंद हो जाएगी। फिर पैसे कहाँ से आएँगे! राशन कहाँ से आएगा! हम खाएँगे क्या! यह तो बाल-बच्चों सहित भूखों मरने जैसी हालत थी। फिर पिता सिर पकड़ कर बैठ गए। माँ की आधी साँस ऊपर; तो आधी नीचे। तुरंत शहर छोड़कर गाँव जाने का फ़ैसला किया गया। झोले और गठरी में ज़रूरी सामान रख लिया गया। थोड़ा बहुत चावल, आलू-प्याज-तेल जितना राशन था, माँ ने जल्दी-जल्दी जमा लिया। कोठरी की साँकल चढ़ाकर ताला लगा दिया। पर जाएँगे कैसे! पैदल जाने के अलावा कोई रास्ता नहीं। फिर हम सड़क पर आ गए और रातों-रात रायपुर छोड़ दिया। सड़क पर हमारे जैसे न जाने कितने परिवार दिखाई पड़े, जो अपने-अपने गाँवों की तरफ़ जा रहे थे।

मैं थक जाता तो थोड़ी दूर तक पिता गोद में ले लेते। जब रायपुर की सीमा खत्म हुई, गाँव-खेत-मैदान शुरू हुए तो सबने राहत की साँस ली। कुछ कोस बाद, रात को हम एक गाँव के मन्दिर में सोये। सुबह फिर चल पड़े। जगह-जगह पुलिस रोक रही थी। उनके समझाने पर हम नहीं माने। पुलिस वाले भी इंसान थे। हमारी मजबूरी समझते थे। वो अपनी ड्यूटी कर रहे थे।

थोड़ा समझाने के बाद वो हमें जाने देते थे। उनसे बचने के लिए हमने खेतों से होकर जाने वाला कच्चा रास्ता अपनाया लेकिन किसी गाँव-नगर के चौराहों पर उनसे सामना हो जाता था। हम बच्चे अधिक चल नहीं पाते थे। माँ भी पिता से पहले थक जाती। इसलिए जल्दी-जल्दी पड़ाव लेना पड़ता। पिता की जेब के रुपए खत्म हो रहे थे। इसलिए वो जल्दी गाँव पहुँचने के लिए व्याकुल थे। रास्ते में गाँव की दुकानें और छोटे-छोटे घर से ज़रूरत का सामान खरीद लिया जाता। अभनपुर-राजिम-कोपरा-पाण्डुका पार होने के बाद पिता ने राहत की साँस ली।

अब अधिक डर नहीं था। गाँव-खेत-जंगल-पहाड़ शुरू हो गए थे। हम बृंदानवागढ़ के रास्ते पर चल रहे थे। पोंड़ के बाद और कचना धुरवा से पहले बाईं तरफ़ नागझर गाँव के लिए एक कच्ची सड़क मुड़ती थी। हम इसी सड़क पर मुड़ गए। अब कोई चिंता नहीं थी। मुख्य मार्ग पीछे छूट गया था। जंगल-पहाड़ और कमार आदिवासियों के गाँव शुरू हो गए थे—डीह, पचपेड़ी, घटकर्रा और इसके चार-पाँच कोस बाद—तुहियामुड़ा गाँव।

इसी गाँव के बाहर तालाब के किनारे पीपल के नीचे आज हमारा बसेरा था। यहाँ से दाईं तरफ़ चार कोस का जंगल पार करने के बाद गाँव दीवना का रास्ता मिलेगा। वहाँ से तौरेंगा होते हुए तालेसर। तालेसर हमारा गाँव था। हम वहीं पहुँचने के लिए शहर से निकले थे। पिता सब बता रहे थे—

"अब अधिक दूर नहीं है। ठीक से चल पाए तो एक दिन का रास्ता है।"

"बच्चे कहाँ चल पाएँगे।"—माँ ने प्रतिवाद किया।

"तो कहीं रुक जाएँगे। दो दिन में पहुँचेंगे।"—उन्होंने कहा—"तुम चिंता क्यों करती हो।"

माँ आश्वस्त होकर मुस्कुराई।

हम जल्दी से नहाकर आ गए। हम किनारे ही नहाए। माँ ने आगे हमें गहरे पानी में नहीं जाने दिया। पिता ने ज़रूर आगे जाकर डुबकी लगाई। भात-साग बन गया था। हम भूखे थे। तुरंत खाने बैठ गए। खाने के बाद माँ ने कथरी बिछा दी—पीपल के नीचे पार पर ही। जड़ों को तकिया बनाकर हम भाई-बहन को माँ ने लिटा दिया और तालाब में बर्तन धोने चली गई। खाकर पिता भी पीपल के तने से टिककर बैठ गए। उन्होंने बीड़ी सुलगा ली थी। हम ऊपर टहनियों में फुदकते हुए हारिल को देखने लगे। पत्तों से बूँद-बूँद धूप

छनकर नीचे टपक रही थी। हम थके थे। झपकी आने लगी। और फिर कब गहरी नींद आ गई, पता भी नहीं चला।

पता नहीं, कितना समय बीत गया। अचानक माँ ने हमें झिंझोड़ कर जगाया

"जाओ, तालाब में मुँह-हाथ धो लो। अभी निकलना है।"—माँ झोलों में सामान रखने लगी। हम तालाब से मुँह-हाथ धोकर आ गए। पिता ने तब तक कथरी झाड़कर तहा ली थी। धूप कुम्हला रही थी। पिता का विचार था कि दीया-बाती के बेर तक हम कम से कम दीवना गाँव तक तो पहुँच ही जाएँगे।

बहन और मैंने ऊपर टहनियों में हारिल की ओर देखा। अचानक वो पंख फड़फड़ा कर झुण्ड-के झुण्ड एक दिशा की ओर उड़ गए।

"माँ...माँ..." मैं ज़ोर से बोला—"हारिल तो उड़ गए..."

"अच्छा..."—माँ ने ऊपर पीपल की ओर देखा।

"उधर..." मैं उँगली दिखाते हुए चिल्लाया।

माँ ने मेरी उँगली की दिशा में देखा—

"हाँ..." फिर बोली—"वो लोग तुम्हारे जागने की राह ही तक रहे थे..."

"क्यों?" बहन ने पूछा।

"ताकि तुम लोगों से विदा ले सकें।"—माँ मुस्कुराई। बहन हँसने लगी।

"उड़ने दो..."—पिता ने एक बार उड़ते हुए हारिलों की दिशा में देखा और गठरी बाँधते हुए हँसे—"अभी हम भी उड़ जाएँगे..."

धूसर

मुझे धूसर रंग पसंद है। यह धूल और मिट्टी का रंग है। हम चाहें तो इसे मटमैला भी कह लें। जो अपनी धरती से प्यार करता है, वह इस रंग से भी प्यार करता है क्योंकि यह धरती का रंग है। इसलिए मैं खेत की मेड़ों पर मिट्टी के ढेलों के बीच घोंसला बनाती हूँ। चैत-वैशाख में जब किसान अपने खेतों को चौमास से शुरू होने वाली खरीफ़ फ़सल के लिए तैयार करता है, तब पिछली बारिश में फैल गई मेड़ों को ठीक करता है। उसकी दोनों तरफ़ की मिट्टी को कुदाल से खोदकर बड़े-बड़े ढेलों से ऊँचा करता है। इसे ढेलवानी देना कहते हैं। इन ढेलों के बीच धूप-हवा की बहुत जगह होती है। मैं इन्हीं ढेलों के बीच घोंसला बनाती हूँ।

मैं परमुटकी हूँ—छोटी सी चिड़िया। मैं काली हूँ। मेरी पूँछ हर समय हिलती रहती है या ऐसा कह सकते हैं कि आदतन मैं इसे हर समय हिलाती रहती हूँ। इसलिए गाँव में बच्चे मुझे कुला मुटकी (कूल्हे मटकाने वाली) कहकर चिढ़ाते भी हैं। मुझे यह दूसरा नाम बिलकुल पसंद नहीं है। लेकिन बच्चों की बातों का मैं बुरा नहीं मानती।

मेरी सहेलियाँ और दोस्त—सब पेड़ों पर रहते हैं और वहीं अपना घोंसला बनाते हैं। पेड़ मुझे भी पसंद हैं। मैं वहाँ जाती हूँ। डालियों में उड़ती हूँ, फुदकती हूँ। फल तो सब वहीं मिलते हैं। अन्न के लिए धरती पर आना पड़ता है। मिट्टी में घर बनाने वाली शायद मैं एकलौती चिड़िया हूँ। लेकिन इसके कई ख़तरे भी हैं। कभी असमय बारिश आ जाती है तो मिट्टी के ढेलों के बीच बना मेरा घोंसला पानी में बह जाता है। यों तो नए ढेलों में कोई घास-दूब, जीव-जन्तु होते नहीं, इसलिए यहाँ साँप नहीं आते। पर भूले-भटके कोई सर्प आ गया

तो वह मेरे अण्डों या कभी बच्चों को खा जाता है। तब मैं बहुत रोती हूँ और विलाप करती हूँ। अपना दुःख लेकर मैं गाँव के घरों के आँगनों में भी जाती हूँ। वहाँ टहनियों पर बैठकर सिसकती हूँ कि शायद मेरा दुःख इंसान बाँट ले। पर इंसान मेरा दर्द नहीं समझते। मैं उनकी बोलियाँ समझ लेती हूँ। पर वे मेरी बोली नहीं समझते। क्या मुझे भूख नहीं लगती? प्यास नहीं लगती? थकान नहीं होती? नींद नहीं आती? क्या मेरे साथ दुर्घटना नहीं हो सकती? क्या मैं किसी साथी या परिजन के बिछुड़ने या ना रहने पर शोक नहीं मना सकती? इसलिए प्रत्येक समय मेरी आवाज़ को संगीत न समझा जाए।

ऐसे समय बच्चे मुझे चिढ़ाते हैं, तो मुझे गुस्सा आ जाता है। मैं चिल्ला कर कहती हूँ—"ऐ चुप कर।" पर वे नहीं समझते। तब मैं कर भी क्या सकती हूँ। क्रोध में उड़ जाती हूँ—

"जा; मैं तेरे घर कभी नहीं आऊँगी..."

पर एक-दो दिन बाद मुझे उन पर दया आ जाती है। बच्चे ही तो हैं। और मैं फिर आ जाती हूँ।

नानी बताती थी; जब महाभारत का युद्ध शुरू हुआ तो कुरुक्षेत्र के मैदान में मिट्टी के ढेलों के बीच परनानी की परनानी का घोंसला था। परनानी हाथी के पाँव तले दबने ही वाली थीं। उन्होंने भगवान से प्रार्थना की तो हाथी के गले से घण्टी टूटकर गिरी और उसके बीच परनानी सुरक्षित बच गईं।

तो मैं यही बता रही थी कि धरती पर रहने के जोख़िम भी हैं। लेकिन इतना डरने से न इंसानों का जीवन चलेगा न हम परिंदों का।

तो मैं आपको बता रही थी कि मैं इंसानों की बोली समझती हूँ। क्योंकि रहती मैं निर्जन मैदानों और खेतों में हूँ पर गाँवों में आना-जाना तो लगा ही रहता है। दाना-पानी की खातिर भी। और फिर बच्चे मुझे पसंद हैं। बच्चे भी मुझे पसंद करते हैं। मुझे देखते ही चिल्लाते हैं—"वो देखो परमुटकी..." तो मुझे भी अच्छा लगता है। जब कोई हमें पसंद करता हो, चाहता हो तो हमें अच्छा ही लगता है। फिर गाँव वालों के हाल-चाल भी गाँव जाने से मिल जाते हैं। मैं उस ग्वालिन की तरह हूँ जो रहती तो गाँव से बाहर है लेकिन जिसे दूध लेकर रोज़ घर-घर जाना पड़ता है।

बुद्धि में मैं कुशाग्र हूँ। यों विधिवत् पढ़ी-लिखी तो ख़ैर नहीं ही हूँ। एक बार किसान और उसकी पत्नी खेत में काम कर रहे थे—यही ढेलवानी

का काम–दूसरी मेड़ों पर। जहाँ मेरा घोंसला है, वहीं बैठकर किसान का बेटा पहाड़ा याद कर रहा था। क्या आप विश्वास करेंगे; मुझे पाँच तक का पहाड़ा मुखाग्र याद हो गया। एक बार वह एक कविता पढ़ रहा था—

ओहो काली-काली कोयल
मीठी बोली वाली कोयल
फिरती डाली-डाली कोयल
आम फले तब आती कोयल
आम पके तब गाती कोयल...

मुझे यह कविता भी याद हो गई। बहुत आश्चर्य भी हुआ कि हमारे बारे में किताबों में कविताएँ भी हैं। मैंने अगले दिन यह बात कोयल बहना को भी बताई –

"पता है, तुम्हारे बारे में किताब में कविता है।"

"अच्छा"—उन्हें भी आश्चर्य हुआ।

"सुनाऊँ?" और मैंने पूरी कविता सुना दी। कोयल बहना बहुत खुश हुई और उपहार में मुझे एक पका आम मिला जो पत्तों में छुपकर पका था, पनलुका आम।

"यह अब तुम्हारा है... "—कोयल बहना ने कहा।

"शुक्रिया..."—मुझे यह बहनापा अच्छा लगा।

जिस खेत में मेरा घोंसला है, वहाँ का किसान और उसका परिवार कड़ी मेहनत करता है लेकिन उसे उसकी मेहनत का मुआवज़ा उतना नहीं मिल पाता। इसलिए मेहनती-संतोषी होने के बावजूद वह दुःखी रहता है। उनकी बातों से उनकी कथा की झलक मिल ही जाती है।

किसान के खेत में किसान की बहन भी काम कर रही थी। वह अन्य किसी गाँव से आई थी और अब किसान के घर ही रहने लगी थी। वह दुःखी-दुःखी रहती और कभी खेत में ही बैठकर रोने लगती तब किसान की पत्नी उसे चुप कराती। किसान निरुपाय-सा उसे देखता रहता। कभी वह भी बहन को समझाता। बहन ने सफ़ेद साड़ी पहन रखी थी। ननद-भौजी की बातों से पता चला कि पिछले साल अकाल में फ़सल चौपट हो जाने के कारण और बैंक का कर्ज़ न चुका पाने के कारण उसके पति ने कीटनाशक दवा पीकर

आत्महत्या कर ली थी। सुनकर मुझे बहुत दुःख हुआ।

एक दिन मैं किसान के घर गंगा इमली की डाल पर बैठी थी। गाँव की पाठशाला के मास्टरजी आए हुए थे। वे खाट पर बैठकर गिलास में चाय पी रहे थे। किसान का बेटा पढ़ने में अच्छा है। उसे खेती-किसानी के काम के कारण स्कूल से नागा न करवाने और रोज़ स्कूल भेजने की बात किसान को समझा रहे थे। किसान ''हव गुरुजी...हव गुरुजी...'' कहकर सारी बातें सुन रहा था। किसान की पत्नी और बहन घर की ड्योढ़ी पर बैठकर सूप में चावल फटक रही थीं और मास्टर जी की बात सुन रही थीं।

बातचीत के बीच कुछ चिंतित स्वर में मास्टर जी ने कहा—''सुखराम (किसान का यही नाम था) एक चिंताजनक समाचार है। अख़बार में छपा है कि सरकार ने एक नया कानून बनाया है—''भूमि अधिग्रहण कानून। इसके तहत उद्योगों और फ़ैक्ट्रियों के लिए वह जबरन मुआवज़ा देकर किसानों का खेत ले सकती है...''

किसान अवाक्। जैसे वहीं काठ हो गया हो। खेत चले जाएँगे तो किसान क्या करेगा? थोड़ी देर बैठकर मास्टर जी चले गए। किसान सिर पर हाथ धरे बैठा रहा। काटो तो खून नहीं। मेरा जी भी धक् से हो गया। किसान धीरे-धीरे चलकर खेत में आकर बैठ गया। मैं भी उड़कर उसके साथ आ गई। आज न किसान के कदमों में जान थी, न मेरी उड़ान में। किसान को ऐसे देखकर अच्छा नहीं लग रहा था।

ज़मीन और खेत ही तो किसान के पंख हैं। इनमें जब धान लहराता है तो वह भी उड़ता है—अपने सपनों की उड़ान। पंख ही छिन जाएँगे, तब इस उड़ान का क्या होगा!

मैं मिट्टी के ढेले से सटकर बैठ गई। किसान भी देर तक खेत में बैठा रहा—डूबते हुए सूर्य की तरफ़ देखता हुआ। उस दिन मुझे पता चला कि धूसर सिर्फ़ मेरा नहीं, बल्कि किसान का भी प्रिय रंग है। क्योंकि यह धरती का रंग है और उसके खेतों का भी।

गुलाबी

"गुलाबी प्यार का रंग है" अनुपमा मैडम ने स्वत: ही कहा और गहरी साँस खींच कर गुलाब की खुशबू ली। फिर गुलाब उन्होंने वापस मेरी डेस्क पर रख दिया। मैं कक्षा में सबसे पहली पंक्ति में बैठता था। कक्षा सातवीं 'ब' थी। हम लगभग चालीस छात्र थे। कस्बे का मिडिल स्कूल था। गाँव में प्राथमिक शाला थी और केवल कक्षा पाँच तक पढ़ाई की सुविधा थी। आगे की पढ़ाई के लिए चार-पाँच कोस दूर कस्बे में आना पड़ता था। गाँव का नाम कोमा था जो फिंगेश्वर रोड में पड़ता था। कस्बे का वर्तमान नाम राजिम था लेकिन गरड़ सर बताते थे कि इसका प्राचीन नाम कमलक्षेत्रपदमावती पुरी था। राजिम महानदी के किनारे त्रिवेणी संगम पर बसा था। यहाँ पैरी और सोंदुल दो सहायक नदियाँ महानदी में आकर मिलती थीं।

कोमा से राजिम मार्ग में तीन आम के बगीचे और खेत पड़ते थे। बीच में एक बड़ा निर्जन तालाब भी, जिसे खाम तरिया कहते थे। शनिवार को जब सुबह स्कूल लगता तब लौटने में इत्मीनान रहता। हम तालाब में गुलाबी कमल के फूलों को देखने जाया करते थे। कमल के पत्तों पर जल की बूँदें मोती जैसी चमकती थीं—धूप में—और जलपांखियाँ उड़ते रहते थे। हमें यह दृश्य बड़ा प्यारा लगता था। हम गाँव के चार-पाँच बच्चे साइकिल से और कभी पैदल ही स्कूल आते थे।

पिताजी दुर्ग में नौकरी करते थे और माँ तथा अन्य भाई-बहन उन्हीं के साथ रहते थे। गाँव के बड़े से मिट्टी के घर में मैं दादी के साथ रहता था। दादी घर और खेती-बाड़ी के साथ छोटी-सी किराना दुकान भी चलाती थीं। स्कूल के बाद नानक की दुकान से मैं दुकान की चीज़ें खरीद कर गाँव ले जाता था। अँकापल्ली गुड़ की पूरी चक्की साइकिल के कैरियर में आ जाती थी।

घर में कोठा भी था। यहाँ गाय-बैल रात को बँधे रहते। सुबह परदेशी राउत दूध दुहने आता। फिर पशुओं को चराने ले जाता। गाय-बैल-भैंसों की यह बरदी (रेवड़) गोठान (खेड़का डाहर) में कुछ देर धूप तापती। फिर बरदिहा (चरवाहे) उन्हें मैदानों की तरफ़ चराने ले जाते।

अनुपमा मैडम के गुलाब वापस रखने पर मैंने मैडम से बहुत आग्रह के साथ कहा—"मैडम, आप रख लीजिए।"

"अच्छा..."—मैडम ने कहा और भरी कक्षा में गुलाब को अपने जूड़े में खोंस लिया। हम बच्चों को बड़ा आनंद आया। सब हँसने लगे। मैडम मुस्कुराईं और चाक लेकर ब्लैक बोर्ड की तरफ़ लिखने के लिए मुड़ गईं। अनुपमा मैडम बहुत सुंदर थीं। हमें बहुत अच्छी लगतीं। वो कभी किसी को डाँटती नहीं थीं। हर बात प्यार से समझातीं। वो हमारी क्लास टीचर थीं। पहला पीरियड लेती थीं। हाज़िरी लेने का काम भी उनका था। हम गाँव के बच्चे थे—प्राय: सीधे-सादे। अधिक उत्पाती नहीं थे। इसलिए कक्षा में अनुशासन की समस्या नहीं थी।

भारती सर भी हमें बहुत अच्छे लगते थे। वो हिन्दी पढ़ाते थे और बड़े हँसमुख थे। छात्रों को कभी डाँटते-मारते नहीं थे। अनुपमा मैडम सामाजिक विज्ञान पढ़ाती थीं। मुश्ताक सर अंग्रेज़ी, साहू सर विज्ञान और मतावले सर संस्कृत। विद्यालय में रहमान सर, भार्गव सर, रात्रे सर और गुप्ता मैडम भी थीं लेकिन वे सब हाई स्कूल की नौवीं, दसवीं, ग्यारहवीं की कक्षा लिया करते थे। गरड़ सर प्राचार्य थे लेकिन कभी-कभी कक्षा में आते थे। हाई स्कूल-मिडिल स्कूल की कक्षाएँ एक ही समय में एक साथ लगती थीं। गुप्ता मैडम और अनुपमा मैडम आपस में सहेलियाँ थीं और उनमें अच्छी पटती थी। गुप्ता मैडम शादी-शुदा थीं और माँग में सिंदूर भरकर स्कूल आती थीं।

भारती सर किसी काम से हमारी कक्षा में आए और अनुपमा मैडम के जूड़े में गुलाब का फूल देखकर मुस्कुराए—"आज क्या बात है?"

अनुपमा मैडम शरमा गईं और बस मुस्कुरा कर रह गईं। गाँव में घर की क्यारी में ढेर गुलाबी गुलाब फूले रहते। कई झाड़ियाँ दादी ने लगा रखी थीं। मैं रोज़ ही एक फूल ले आता और कक्षा लगने से पहले ही मैडम की मेज़ पर रख देता। मैडम फूल को देखकर खुश होतीं। कभी मेरी तरफ़ देखकर "थैंक्यू" बोलतीं, कभी बस मुस्कुरा कर एक दृष्टि डाल लेतीं। मुझे यह बहुत अच्छा लगता। घर लौटकर मैं दादी को बताता तो उन्हें भी अच्छा लगता—

"तुम रोज़ एक फूल ले जाया करो..."

और मैं ऐसा ही करता था।

अनुपमा मैडम रोज़ ही गुलाब के फूल को अब वेणी में लगाने लगीं। लेकिन पहली बार की तरह अब वो भरी कक्षा में गुलाब नहीं लगातीं। कभी कक्षा समाप्त होने के बाद बाहर निकलते समय, कभी पढ़ाते-पढ़ाते कक्षा में सबसे पिछली बेंच के पास जाकर वो धीरे से फूल खोंस लिया करतीं। अब हमें भी इसकी आदत हो गई थी। कोई विशेष ध्यान नहीं देता। भारती सर का पीरियड कभी बगल की कक्षा में चल रहा होता तो ज़रा देर के लिए कुछ पूछने के बहाने अनुपमा मैडम वहाँ चली जातीं या कोई बात पूछने के लिए भारती सर हमारी कक्षा में आ जाते। तब अनुपमा मैडम का चेहरा गुलाब की तरह ही खिल उठता। अनुपमा मैडम का रंग गुलाबी था। वो जब मेरी कॉपी जाँचतीं तब उनकी गुलाबी उँगलियाँ मुझे बड़ी सुंदर लगती थीं। एक बार अनुपमा मैडम गुलाबी साड़ी में आईं तो सबकी निगाहें—क्या बड़े क्या छोटे—उन्हीं की तरफ़ रहीं। ऐसा लग रहा था जैसे आकाश से उतरकर कोई गुलाबी परी धरती पर आ गई हो।

एक बार विद्यालय में लंच टाइम था। भारती सर स्कूल के प्रांगण में प्रफुल्ल सर के साथ बैंडमिंटन खेल रहे थे। हम बच्चे पानी पीकर लौट रहे थे। सामने से गलियारे में गुप्ता मैडम और अनुपमा मैडम बातें करती चली आ रही थीं। अनुपमा मैडम ने कनखियों से सबकी नज़रें बचाकर भारती सर की ओर देखा। भारती सर ने भी उसी समय उन्हें देखा। दोनों मुस्कुराए। किंतु रैकेट से सफ़ेद चिड़िया को नेट के उस तरफ़ मारने से वो चूक गए। सफ़ेद चिड़िया नीचे गिर गई। उधर प्रफुल्ल सर हँसने लगे। झेंपे-झेंपे से भारती सर चिड़िया उठाने के लिए झुके।

गुप्ता मैडम ने भी अनुपमा मैडम को ऐसा करते हुए देख लिया। उन्होंने अनुपमा मैडम को कोहनी मारी—"क्या हो रहा है?"

अनुपमा मैडम भी झेंप गईं। उनका गुलाबी चेहरा लाल हो गया। धीरे-धीरे यह बात पूरे स्कूल और फिर कस्बे में फैल गई। हर तरफ़ इसकी चर्चा होने लगी। कस्बा भी बड़े गाँव की तरह था, कोई नगर नहीं था।

हम बच्चे छोटे थे, लेकिन इतने छोटे भी नहीं कि कुछ न समझते हों। दूरदर्शन पर उस ज़माने में प्रत्येक रविवार की शाम को एक हिन्दी फीचर फ़िल्म आया करती थी। प्रत्येक गाँव की पाठशाला में सरकारी टी.वी. था—श्वेत और

श्याम। गाँव वाले और हम बच्चे स्कूल के प्रांगण में एकत्र होकर सिनेमा देखा करते थे। राजिम में टूरिन टॉकीज थी—एक ही टॉकीज थी। उसमें शाम को एक शो सात से साढ़े नौ तक हुआ करता था। सात बजे से इसलिए कि सिनेमा के लिए अंधेरा होना ज़रूरी हुआ करता था। टॉकीज ऊपर से खुली हुई थी और शामियाना तना था। मैदान की टिकट डेढ़ रुपए और बॉलकनी की टिकट दो रुपए थी। बारिश होने पर मैदान में बैठे लोग छाता तान लेते। ऐसा लगता था, जैसे फ़िल्म में भी बारिश हो रही हो। मध्यांतर में मूंगफली और पापड़ बेचने वाले आते। कोमा से गाँव वालों के साथ हम बच्चे भी कभी-कभार सिनेमा देखने आया करते। दादी हमें टिकट के दो रुपए और मूंगफली के लिए पचास पैसे दिया करती थी। आरती "ओम जय जगदीश हरे..." की आवाज़ सुनकर हम साइकिल के पैडल पर दबाव बढ़ाते और तेज़-तेज़ चलाते हुए राजिम पहुँचते थे।

और फिर खुद भारती सर कभी-कभी हिन्दी पढ़ाते-पढ़ाते कहते थे—"प्रेम और घृणा दो ऐसी चीज़ें हैं जिनके लिए भाषा की ज़रूरत नहीं पड़ती। ये ऐसे ही समझ में आ जाती हैं।" तब उन्हें क्या पता था कि एक दिन यह बात उन्हीं पर लागू हो जाएगी।

एक दिन भारती सर की माँ और बाबूजी प्राचार्य गरड़ सर से मिलने आए। कहते हैं कि चर्चा उन तक भी पहुँची थी। हाईस्कूल के छात्र यह चर्चा भी करते कि भारती सर और अनुपमा मैडम की जाति अलग-अलग है।

अनुपमा मैडम कक्षा में पढ़ा रही थीं। तभी सहसा एक आंटी अंदर आईं जो शायद भारती सर की माँ थीं। उन्होंने एक हल्दी लगा कार्ड मैडम की तरफ़ बढ़ाया-"बेटी, ज़रूर आना..."

मैडम ने कुछ आश्चर्य से उन्हें देखा और कुर्सी से उठकर खड़ी हो गईं।

"जी..." वो इतना ही कह पाईं और वो आँटी तेज़ी से चली गईं। वे लोग शायद पहली बार मिल रहे थे। उनके जाने के बाद मैडम ने कार्ड को देखा। उनका चेहरा म्लान पड़ गया जैसे जेठ की धूप में गुलाब कुम्हला जाता है। वो शायद भारती सर के विवाह का कार्ड था। अपने भावों को छुपाने के लिए मैडम खिड़की के पास गईं और बाहर देखने लगीं। कक्षा की तरफ़ उनकी पीठ थी। लेकिन हम अब स्तब्ध होकर उनका रोना देख रहे थे। यह रोना निःशब्द था जैसे बारिश कभी-कभी बिना आवाज़ के होती है। उनका शरीर हिल रहा था। कुछ देर बाद उन्होंने पल्लू से चेहरा पोंछा। पलटीं और बिजली

की तरह तेज़ी से मेज़ से रजिस्टर उठाकर बाहर चली गईं।

उस दिन के बाद अनुपमा मैडम ने स्कूल आना छोड़ दिया। गुप्ता मैडम हाज़िरी लेने आतीं। पूछने पर इतना ही बतातीं कि अनुपमा मैडम छुट्टी पर हैं। शायद तबीयत खराब है। ठीक होने पर आएँगी। हम बच्चों को कुछ अच्छा नहीं लगता था। मैं बहुत उदास था। गुलाब का फूल बस्ते में रखा-रखा ही कुम्हला जाता था।

भारती सर आ तो रहे थे लेकिन उनके पढ़ाने में अब पहले जैसी बात नहीं थी। उनकी हँसी कहीं खो गई थी। गुमसुम रहते थे। उनकी दाढ़ी बढ़ी रहती और आँखों के नीचे साँवला-सा रंग दिखता, जैसे कई रातों से ठीक से सो न पाए हों। पढ़ाते-पढ़ाते वो खिड़की के बाहर देखने लगते जैसे कहीं खो गए हों।

फिर अचानक भारती सर ने भी स्कूल आना बंद कर दिया। स्कूल में और बाहर तरह-तरह की चर्चा होने लगी।

एक दिन अख़बार में भारती सर और अनुपमा मैडम की तस्वीर छपी और उनके विवाह का समाचार भी। उन्होंने रायपुर जाकर आर्य समाज मन्दिर में शादी कर ली थी। पूरे कस्बे में जैसे भूचाल आ गया हो। धीरे-धीरे चर्चा में विराम लगा और इसका कंपन कम हुआ।

लगभग महीने भर का समय बीत गया। परीक्षा के दिन करीब थे। धूप में आँच बढ़ने लगी थी। अचानक एक दिन विद्यालय में भारती सर और अनुपमा मैडम एक साथ दिखाई दिये। प्रार्थना के समय प्रांगण में सबकी निगाहें उनकी तरफ़ थीं। सब लोग भारती सर से हाथ मिला रहे थे और उन्हें बधाई दे रहे थे। प्रार्थना के समय हम छात्रों की आँखें पूरी तरह बंद नहीं हो रही थीं, रह-रहकर खुल रही थीं। गरड़ सर देख रहे थे और मुस्कुरा रहे थे। आज वो डाँट नहीं रहे थे। वो भी खुश लग रहे थे।

पहले पीरियड की घंटी बज गई थी। रजिस्टर लिये भारती सर और अनुपमा मैडम एक साथ हँसते हुए और बातें करते हुए आए और अपनी-अपनी कक्षा में चले गए। मैडम के आते ही हम सब बड़ी ज़ोर की हर्ष-ध्वनि करते हुए खड़े हो गए। मैडम ने रजिस्टर मेज़ पर रख दिया और हँसकर बड़े प्यार से हम सब की तरफ़ देखा। फिर मेरी तरफ़ देखकर मुस्कुराईं—मैं उनका प्रिय छात्र जो ठहरा। मुझे संसार की सारी खुशी जैसे मिल गई हो। आज वो उसी गुलाबी साड़ी में थीं और उनकी माँग में सिंदूर चमक रहा था। उनकी वेणी में गुलाब का फूल नहीं था। लेकिन वे खुद एक गुलाब के फूल की तरह दिख रही थीं।

बैंजनी

भटकटैया के फूल बैंजनी होते हैं। इसका पौधा सड़क किनारे या उजाड़ मैदान में उगा होता है। यह बहुत छोटा और छितरा हुआ-सा काँटेदार होता है। इसके काँटे नरम-नाज़ुक होते हैं—बैंगन के पौधों के काँटों से भी छोटे। ये गड़कर न पाँव में टूटते हैं न इनमें वैसा दंश ही होता है जैसा मोखला काँटे में होता था। इन्हें कुछ हद तक झरबेरी की तरह भी कहा जा सकता है लेकिन ये उतने फैले नहीं होते। इनके फल गोल-गोल, छोटे, हरे बैंगन की तरह होते हैं—छोटे आँवलों के आकार के। दादी बताती थीं कि ये बैंगन (भटा) के पूर्वज हैं। इन्हीं से बैंगन को उन्नत किया गया। गाँव में इनके फलों की खट्टी सब्ज़ी मही (छाछ) डालकर या कभी ऐसे ही बनाई जाती है। तब खेती वर्षा आधारित थी। जब-तब अकाल पड़ जाता था। गाँवों में बहुत गरीबी हुआ करती थी। छत्तीसगढ़ में भटकटैया को भसकटिया कहते हैं।

मैं गाँव की पाठशाला में कक्षा पाँच का छात्र था। गाँव में मैं दादी के साथ रहता था और उन्हें "अम्मा" कहकर पुकारता था।

"क्या तोड़ रही हो मरही दाई?"—सड़क किनारे एक पौधे पर झुकी हुई मरही दाई को देखकर मैंने पूछा।

"भसकटिया के फल तोड़ रही हूँ बेटा। इतने फल से एक जून की मेरी साग हो जाएगी।"

उस दिन पहली बार मैंने भसकटिया के पौधे पर गौर किया था। यों देखना कई बार हुआ था पर दृष्टि बदल गई थी। जो फूल फलों में बदल जाते हैं और हमारी भूख को अन्न बनकर मिलते हैं, वे हमारी नज़र में आदरणीय हो जाते हैं।

"मैं तुड़वाने लगता हूँ"—मैं वहीं उकड़ू बैठ गया। मुझे यह सब नया लग रहा था।

"नहीं बेटा, तुम्हें काँटे चुभ जाएँगे"—मरही दाई ने मना किया और दत्तचित्त होकर भसकटिया के फल तोड़ती रही। मरही दाई ने काली किनार वाली अण्डी की सफ़ेद साड़ी पहन रखी थी जो मैली होकर मटमैली-सी दिख रही थी। मरही दाई काली और दुबली-पतली थी। गाँव में मिट्टी की कोठरी में अकेली रहती थी। पति कभी के गुज़र गए थे। बच्चे नहीं थे। गाँव वाले सब उन्हें मरही दाई कहकर पुकारते थे। सबके सहयोग से और कुछ बनी-मजूरी से उनका गुज़ारा हो जाता था। उनका नाम 'मरही' क्यों पड़ा होगा—इस बारे में अधिक कुछ बता पाना संभव नहीं। गाँव के लोग अजीबों-गरीब नाम रखते थे ताकि बच्चों को किसी की नज़र न लगे, वे बच जाएँ। मरही दाई का नाम भी 'मरही' इसी तरह रखा गया होगा। कभी-कभी बच्चों के न बचने के कारण भी लोग ऐसा नाम रख देते ताकि वह बच जाए। गाँव में लोगों का ऐसा विश्वास था। अब इसे अंधविश्वास भी कहा जा सकता है।

मैं संतू के साथ चिड़िया फँसाने मैदानों-खेतों की तरफ़ गया था। संतू मेरा दोस्त और सहपाठी था। बाँस की कमचिलों से जालीदार टोकरी बनाई जाती थी। फिर उसे उलटकर रख दिया जाता। भीतर 'घोंई' कीड़ा (जो पानी में रहता था) को पकड़कर बाँध दिया जाता। जो गोल-गोल घूमता रहता था। भरदा चिरई इसे खाने के लालच में बैठती और उसका पाँव रस्सी की सरफाँसी में फँस जाता। उसके फड़फड़ाते ही दौड़कर उसे पकड़ लिया जाता।

लेकिन इसके लिए हमें लम्बा इंतज़ार करना पड़ता। हम मेड़ के पीछे या बबूल की झाड़ियों के पीछे छुपकर बैठे रहते। आज लम्बी प्रतीक्षा के बाद भी कोई भरदा चिरई टोकरी यानी जाल में नहीं उतरी तो मैं ऊबकर लौट आया। संतू वहीं रह गया था। धूप चढ़ रही थी। लौटते में मरही दाई मिल गई थी।

"इसकी साग कैसे बनती है दाई?"—मैंने पूछा।

"चलो...बताती हूँ"—मरही दाई हँसी।

"अच्छा..." खुशी-खुशी मैं मरही दाई के साथ हो लिया।

मरही दाई का घर गाँव के बाहर तालाब के किनारे था। तालाब के किनारे ऊँचा पीपल का पेड़ था जिसकी सरसराहट घर से सुनाई देती थी। घर के नाम पर मिट्टी की कोठरी थी जिसमें कोई खिड़की नहीं थी बल्कि छोटा-सा

एक गोल रोशनदान था। खपरों वाली छानी थी। रोशनदान के अलावा छानी से भी उजाला छनकर आता था। कोठरी के बाहर छोटा-सा बरामदा था जहाँ एक तरफ़ आधी दीवार उठाकर मिट्टी का चूल्हा बना हुआ था और कुछ शीशियाँ रखी हुई थीं जिनमें नमक, हल्दी और तेल था। दो-चार एल्युमीनियम के बर्तन थे। एक तरफ़ मिट्टी के काले घड़े में पीने का पानी था। चूल्हा, बर्तन, घड़ा आदि को यानी छोटी-सी रसोई को बबूल की कटी हुई काँटेदार झाड़ी से दाई ने ढक रखा था ताकि कुत्ते, बिल्ली, गाय-बैल-बकरियाँ कुछ नुकसान न पहुँचाएँ। मरही दाई ने झाड़ी को हटाकर आँगन के किनारे रख दिया। परछी (बरामदा) और आँगन भी गोबर से लिपे हुए थे। दीवारें पीली छुही से पुती हुई थीं। परछी में एक खटिया रखी थीं। दाई ने भीतर से लाकर एक कथरी उस पर बिछा दी। मैं उस पर बैठ गया।

अब दाई ने सूखे कण्डों और लकड़ियों से चूल्हा सुलगा लिया और उत्साह से चँऊर (चावल) चुनने लगी।

"यह सत्रह नम्बर सफरी चँउर है"—दाई ने बताया। सत्रह नम्बर सफरी उस ज़माने में एक लोकप्रिय धान का नाम था। इसकी फ़सल बहुत अच्छी होती थी।

"अच्छा!"—मैंने कहा।

"हाँ"—दाई बोली। फिर कुछ रुककर कहने लगी—"तुम आ गए हो तो लग रहा है जैसे कोई पाहुना (अतिथि) घर आया हो। यहाँ ज़्यादा कोई आता नहीं..."

फिर गहरी साँस भरकर कहा—"लोग बस आते-जाते हाल-चाल पूछ लेते हैं। मैं ही सब घरों में बैठने चली जाती हूँ। लोग मुझे मानते हैं। 'दाई-दाई' कहते रहते हैं। सब चाहा (चाय) पिलाकर ही बिदा करते हैं। मैं भी खाली हाथ नहीं जाती। कभी बोइर (बेर), कभी चना भाजी, कभी मुंगेसर (मूँग की फलियाँ, भटकटैया की तरह जँगली), कभी केसरवा काँदा (तालाब का मीठा कंद), कभी तुमा (गोल लौकी) तो कभी तरोई लेकर जाती हूँ..."

"हाँ दाई, तुम हमारे यहाँ भी तो चुनचुनिया भाजी (तीन पत्तों वाली पानी में उगने वाली शाक। बंगाल में इसे शुशमी शाक कहते हैं) लेकर आती हो..."

"हाँ..." यह सुनकर दाई खुश हुई।

मरही दाई की घर की छानी में तूमा (गोल लौकी) और तरोई की

नार (बेल) चढ़ी हुई थी। आँगन में कुम्हड़े की बेल थी। एक ओर टमाटर, हरी मिर्च के कुछ पौधे लगे हुए थे। छोटा-सा तुलसी चौरा था जिसके पास सदा सुहागिन का फूलों से भरा पौधा लहरा रहा था। एक तरफ़ सूखी पतली लकड़ियों का गट्ठर रखा था और ज़मीन पर थापे गए कण्डे (उपले) सूख रहे थे। परछी में कोठरी की दीवार में एक आला था जिसमें मिट्टी के तेल की ढिबरी (चिमनी) और दियासलाई की डब्बी रखी हुई थी। एक खूँटी में कंदील टँगी थी, दूसरी में उलटा सूप टंगा हुआ था। परछी के कोने में खरेरा (सींक) और छींद के पत्तों की झाड़ू रखी हुई थी। और बाँस की अलगनी में रोज़मर्रा के बहुत थोड़े से कपड़े टँगे थे। यह थी मरही दाई की छोटी सी गिरस्ती।

मरही दाई ने भसकटिया के फलों को धोकर काट लिया। बीज अलग कर दिये। लहसुन और जीरे की बघार लगाई और भसकटिया उसमें डाल दिये। कुछ भुन जाने पर सिल में पीसी हुई खड़ी मिर्च, हल्दी और धनिया का मसाला डाल दिया। थोड़ी देर के लिए ढक दिया। फिर मट्ठा (छाछ) डालकर थोड़ा-सा गड़ा नमक डाल दिया। दो मुँहों वाला चूल्हा था। दूसरी तरफ़ भात पक रहा था।

"दसरी ग्वालिन के घर से आज सुबह ही एक लोटा मट्ठा लाई थी"—दाई ने चूल्हे की लकड़ियों को भीतर ढकेलते हुए कहा।

"हूँ..." मैंने कहा और जलती हुई आग को देखता रहा।

थोड़ी देर में खाना पककर तैयार हो गया। मरही दाई ने काँसे की थाली में भात-साग परोस कर चटाई बिछा दी। फिर मेरी तरफ़ देखकर मुस्कराई—

"आओ, बाबू, खा लो।"

"मैं...?"—अब मैं कुछ हतप्रभ था। बात खाने की नहीं थी। केवल यह देखने की थी कि सब्ज़ी कैसे बनती है।

"लेकिन मेरा खाना तो घर में अम्मा ने बनाया होगा दाई। मैं वहीं खा लूँगा घर जाकर"

"अरे, खाओगे नहीं तो पता कैसे चलेगा कि भसकटिया की साग कैसी बनी है। अम्मा कुछ नहीं कहेंगी। कहना, दाई ने ज़ोर देकर खिला दिया। आओ, मैं हाथ धुला देती हूँ..." और मरही दाई लोटे में पानी लेकर परछी के एक किनारे आँगन की तरफ़ खड़ी हो गई। मैं इंकार न कर सका। हाथ धोकर खाने बैठ गया। भूख तो लगने ही लगी थी। भात-साग स्वादिष्ट बना था। कुछ भूख के कारण और कुछ मरही दाई के प्रेम के कारण खाने का स्वाद चौगुना हो

गया था। रोटी तो कहीं भी मिल जाती है लेकिन प्रेम सब जगह नहीं मिलता। पेट की भूख रोटी से मिटती है लेकिन आदमी का मन प्रेम से ही तृप्त होता है।

मैं बहुत भरा-भरा लौटा जैसे मन का कोई कोना अब तक रिक्त था जो मरही दाई से मिलकर ही परिपूर्ण हुआ हो। घर लौटकर मैंने अम्मा को बताया।

"अच्छा किया..."—अम्मा ने कहा। फिर पूछा—"तुम्हारे खाने के बाद क्या मरही के लिए कड़ाही में साग बचा था?"

तब मुझे ध्यान आया। मैंने कुछ सोचकर कहा—"थोड़ी-सी ही बची थी।"

अम्मा रसोई में गईं और एक गिलास में भरकर दाल ले आईं। अम्मा ने पालक वाली दाल बनाई थी।

"जाओ, मरही को दे आओ..."—गिलास मेरे हाथ में पकड़ाते हुए अम्मा ने कहा।

तब तक मैं कुछ पछतावे से भर उठा था। अम्मा की बात सुनकर मैं खुश हो गया। तुरंत मरही दाई के घर की तरफ़ दौड़ पड़ा।

मैं हाँफते हुए पहुँचा था। मरही दाई तालाब से नहाकर लौटी थी और बस अभी खाने बैठी थी। साग सचमुच बहुत थोड़ा ही बचा था। दाई ने पहला कौर भी नहीं उठाया था कि मैं पहुँचा—

"दाई, दाल, अम्मा ने भेजी है। तुम्हारे खाने के लिए साग थोड़ा ही बचा है न, इसलिए..." मैंने गिलास दाई की थाली के पास रख दिया और एक साँस में सब कह गया।

अब अवाक् रहने की बारी मरही दाई की थी—"काहे को लाए बेटा, साग कम थी तो क्या, मैं नूनचरा अचार के साथ खा लेती..."

बोलते-बोलते गला भर आया और दाई ने उठकर मुझे अंक में भर लिया।

मेरी मेहनत सफल हो गई थी। दाई का यों भाव-विभोर होना मुझे भी भिगो गया। ऐसा लगा, आज से मेरी दो माँ हो गई हैं। खाना छोड़कर मरही दाई मुझे बाहर तक छोड़ने आई। बहुत दूर गाँव के करीब आने के बाद मैंने पलट कर देखा। मरही दाई अभी भी परछी के बाहर खड़ी थी। इतनी दूर से बस एक धुँधली-सी आकृति दिखाई दे रही थी।

मरही दाई का अकेलापन और उसके भीगे हुए स्वरों का दर्द तीर की तरह जैसे मेरे हृदय में बिंध गया था। ऐसा लगा, जैसे मरही दाई भी निर्जन में उगा हुआ भटकटैया का बैंजनी फूल हो जो हर दिन किसी पाहुना का इंतज़ार करता है।

सुनहरा

"सोने का रंग सुनहरा है लेकिन हमारे जीवन का रंग सुनहरा नहीं है। हम ताउम्र सोने की खोज में भटकते हैं। कभी हमें वह कण दो कण मिल जाता है तो बस दाल-रोटी चल जाती है। इसकी चमक से हमारे अंधेरे दूर नहीं होते। एक कृष्ण पक्ष से दूसरे कृष्ण पक्ष तक यह अंधेरा कभी खत्म नहीं होता" माँ ने गहरी साँस भरकर कहा।

"कहाँ से लाएँगे हम इतना सोना?"—पिता हताश स्वर में बोले। वे माथे पर हाथ रखे बैठे थे।

बहन का रिश्ता आया है लेकिन लड़के वालों ने कहा है कि लड़की कम-से-कम सोने की चेन और कर्णफूल पहन कर विदा हो। उन लोगों ने सोचा होगा कि हमने कम-से-कम इतना सोना तो जमा कर ही रखा होगा।

और यहाँ दो जून रोटी के ही लाले पड़े रहते हैं।

"क्या एक सोनझर दूसरे सोनझर की हालत भी नहीं समझ सकता!" पिता ने कुछ आश्चर्य मिश्रित स्वर में कहा।

"समझते तो ऐसी माँग ही क्यों रखते..."—माँ बोली। फिर पिता को हताश देखकर बोली—"तुम मन छोटा न करो। कोई न कोई घर तो फूलबती के भाग में लिखा ही होगा। यहाँ नहीं तो कहीं और सही।"

"तुम ठीक कहती हो," पिता ने खुद को सम्हालते हुए कहा।

"तुम इन लोगों को जवाब दे दो कि हम इतना नहीं कर सकते।"

"ऐसा ही करना होगा। जिनको लड़की पसंद होती है, वो इतने नखरे नहीं करते," पिता का स्वर तिक्त हो आया।

हम सोनझर हैं। सोनझरिया है हमारी जाति। हम रेत और मिट्टी से सोना

झराते हैं। हमारे दादा बताते थे कि हमारे पूर्वज नदी की रेत भी झराते थे। सोंदुल उनकी प्रिय नदी थी। कहते हैं, सोंदुल का वास्तविक नाम सोनढुल है। पूर्वी घाट के जाने किन पहाड़ों से निकलकर जो सोने के खदान पार करती आती है। इसके जल में सोने के कण ढुलते आते हैं—ऐसा माना जाता है। इसलिए इसका नाम सोनढुल पड़ा और बाद में बिगड़कर सोंदुल हो गया। हमारे पुरखे जेठ में सूखी हुई सोंदुल की रेत झराते थे—बहुत धीरज और मेहनत के साथ।

"जहाँ कहीं भी दिखती है सोने की चमक; हम सोनझर उस तक पहुँचते हैं..." पिता बताते हैं—"ताकि भूख के अंधेरे को दूर किया जा सके।"

गंदे नाले या सँकरी नाली के भीतर गंदगी और बदबू की परवाह किये बिना हम बैठे रहते हैं इत्मीनान से अपना झरिया लिये। सराफ़ा बाज़ार में, सुनार की दुकानों के आसपास नाली के कचरे, मिट्टी और रेत को तसले जैसी लकड़ी की बनी झरिया में हम छानते हैं और घंटों साफ़ करके इकट्ठा करते हैं सोने-चाँदी का एक-एक कण। पिता हिलते तक नहीं अपनी जगह से, जब तक कुछ पा नहीं लेते—चाहे सुबह से शाम हो जाए। माँ साथ होती। बहन और मैं भी। पहले दादा भी जाया करते थे। अब जब से कुछ बीमार हुए हैं, पिता उनकी ज़िद के बावजूद उनको साथ लेकर नहीं आते। लगातार पानी में रहने से उनकी खाँसी बहुत बढ़ जाती थी।

"आते-जाते कुछ लोग हमें देखकर नाक-भौं सिकोड़ते हैं..." माँ हँसती—"लेकिन यह हमारी पसंद का नर्क है जिसे हम लोगों ने खुद चुना है। यही हमारी रोजी-रोटी का एकलौता आसरा है।"

पिता लगातार काम करते रहते। माँ थक जाती। बीच-बीच में सुस्ताना पड़ता। कुछ लोग, जो हमें नहीं जानते, हमारे फटे-पुराने कपड़ों के कारण ऐसी नज़र डालते जैसे हम कोई भिखारी हों। तब माँ हिकारत से मुँह फेर लेती -

"हम किसी से कुछ नहीं माँगते, किसी से कुछ नहीं बोलते। हम भिखारी नहीं हैं," माँ का स्वर गर्व से भर उठता—"सोनझरों को भीख माँगते किसी ने नहीं देखा..."

हमें अपनी मेहनत पर भरोसा है और अपने पारम्परिक पेशे पर। सिर्फ़ एक तार वाला ब्रश, ताम चीनी का एक पात्र, झाड़ू और झरिया लिये हम आते हैं—अपने पूरे कुटुम्ब के साथ और जहाँ कहीं दिखती है सुनार की दुकान, वहीं डालते हैं हम अपना डेरा—दादा के मुँह से कई बार सुन चुका था यह सब।

पास के गाँव में हमारी झोपड़ी थी जहाँ से हम रोज़ पैदल इस कस्बे में आते हैं और अंधेरा होने पर वापस लौटते हैं।

दादा के पास जब बैठता तब इस पेशे के बारे में वे एक से बढ़कर एक किस्से सुनाते और बहुत अच्छी-अच्छी बातें बताते-

''सोना हमें कंचन मृग सा भरमाता है और अपने पीछे भटकाता है लेकिन इस अंधेरी ज़िन्दगी में इसकी चमक कभी-कभी ही दिखाई पड़ती है...''

''माँ खाना तैयार है,'' बहन रसोई की चौखट पर खड़ी है। माँ की साड़ी पहन लेती है तो बहन कितनी बड़ी दिखती है। सलवार-कुर्ते में वह रोज़-रोज़ वाली बहन ही दिखती थी।

''अच्छा...'' माँ ने कहा और खाना परोसने चल दी। भीतर की कोठरी में खाना पकता था। दूसरे कमरे में हम सोते। बरामदे में दादाजी की खाट डली रहती। भीतर उन्हें घुटन होती थी।

पिता गोरसी में नीम के सूखे हुए पत्ते और टहनियाँ जला रहे थे ताकि उसके धुएँ से मच्छर भाग सकें।

''लालटेन में तेल कम है...''—बत्ती की लौ को कम होते देखकर माँ ने कहा। उनका संकेत मेरी तरफ़ था। मैंने लालटेन को हिलाकर देखा और कोठरी में एक किनारे रखी मिट्टी के तेल की बोतल लाकर कुप्पी से तेल भरने लगा। तेल भरते ही लालटेन की लौ पहले जैसी हो गई।

माँ ने चटाई बिछा दी थी। हम हाथ धोकर खाने बैठ गए। दिन भर की थकान के कारण दो कौर भात पेट में जाते ही गहरी नींद तारी होने लगती थी।

हम बेसुध सो जाते। लासा (गोंद) जैसी गाढ़ी एक करवट की नींद। लेकिन इस नींद में भी सपने थे। सपने में मैंने बहन को सोने के कर्णफूल पहनकर हँसते हुए देखा। और दूसरी करवट लेते ही सवेरा हो गया। नए दिन का सूर्य सचमुच सुनहरा था। उसकी धूप भी सुनहरी थी। लड़के वाले सुबह-सुबह ही आकर बहन को इक्कीस रूपए, नारियल-सुपाड़ी और एक पीले रंग की साड़ी पकड़ा गए। पिता की सोना न दे सकने की असमर्थता के बावजूद वे रिश्ता पक्का करने आए थे। उन्हें बहन पसंद थी। ब्याह वो जल्दी चाहते थे—अगले महीने बैशाख में ही। चैत चल ही रहा था। माँ, पिता और दादा की खुशी का ठिकाना नहीं रहा। मैं खुश और उदास एक साथ था कि बहन चली जाएगी। बहन चुप थी। उसका कुछ पता नहीं चल रहा था।

माँ-पिता सुबह रोटी खाकर जल्दी निकल गए। सब नातेदारों को समाचार देना था। कहा कि थोड़ी देर हो जाएगी। कस्बे के हाट-बाज़ार होते हुए लौटेंगे। दादा बरामदे में बैठे बीड़ी पीते हुए चटाई बुन रहे थे।

मैं और बहन गाँव के बाहर मैदान की तरफ़ खेलने चले गए। यहाँ ढेर-सारे करन के पेड़ थे। कनेर की लाल-पीले फूलों की झाड़ियाँ भी थीं। यह जगह घूमने और खेलने के लिए बड़ी अच्छी थी। ज़ाहिर था कि आज हमें काम पर नहीं जाना था। हम अपनी छुट्टी ऐसे ही मनाते थे।

पास में तालाब भी था जिसके नीम पर ढेरों बगुले उतरते थे। हम उड़ते हुए बगुलों की पाँत को देखकर ज़ोर-ज़ोर से दोनों हाथ हिलाते और चिल्लाते—

"बगुला-बगुला दूध दे..."

फिर अपने नाखूनों के इक्का-दुक्का सफ़ेद बिंदुओं को एक-दूसरे को दिखाकर कहते—

"देखो, बगुले ने हमें दूध दिया है..."

और खुश होते। छुटपन में खुश होने की छोटी-छोटी वजहें होती हैं और उदास होने की भी। बहन के ब्याह का प्रसंग याद आने पर मैं कुछ उदास हो जाता हालाँकि यह कोई छोटा प्रसंग नहीं था।

"दीदी, एक कविता सुनाऊँ?" मैंने बहन को पूछा—"बस दो लाइन ही याद है..."

"तुमने कहाँ सुनी?"—बहन कनेर के पीले फूल तोड़-तोड़कर दुपट्टे में रखती जा रही थी।

"हीरेन ने सुनाई"—मैं बोला। हीरेन मेरा दोस्त था। वह पाठशाला जाता था। मैं पाठशाला नहीं जाता था।

"ठीक है... ?" बहन कनेर की डाल पर बैठ गई—"सुनाओ..."

"दीदी बनकर जाओगी, जब तुम किसी के घर की बहू..."—मैं सुनाने लगा—

"चहकोगी यहाँ डाल की कोयल जैसी कुहू-कुहू।"

बहन हँसने लगी—"चल, बड़ा आया। कोयल कूकती है, चहकती नहीं..."

"हमें तो ऐसे ही याद है..." मैं बोला।

"फिर मैं क्यों चहकूँगी कुहू...कुहू...मैं कोयल हूँ क्या?"—अपनी चोटी

पीछे की तरफ़ फेंकते हुए बहन बोली।

"ये तो कविता है..."

"हम लोग भी पाठशाला जा पाते तो कितना अच्छा होता। कितनी अच्छी-अच्छी बातें पढ़ने के लिए मिलतीं..."—बहन ने कहा

"हूँ..." मैं चुप रहा।

तभी एक काली तितली उड़ती हुई खेत की मेड़ों की तरफ़ गई।

"देख तितली..." बहन बोली।

और हम उसके पीछे दौड़े। मैदान से लगे हुए ही खेत शुरू हो गए थे। मेड़ के किनारे केसरिया फूलों के कँटीले पौधे उगे हुए थे। तितली एक पौधे पर बैठ गई। सूरज अब तक ऊपर चढ़ गया था। धूप का सोना खेतों में बरस रहा था। हमारे वहाँ पहुँचते तक तितली उड़ गई।

"गई..." बहन ने कहा

"फिर आएगी?" मेरी उत्सुकता थी।

"क्या पता..." बहन बोली।

फिर कुछ सोचकर पौधों की तरफ़ देखकर बोली—"पता है, इसके केसरिया फूलों के लिए कातिक में कैसी मारा-मारी रहती है?"

"अच्छा, क्यों?"—मुझे कुछ अचरज हुआ।

"लड़कियाँ मुँह अँधेरे उठकर इसके फूल चुनने आती हैं। फिर तालाब में नहाकर शिव जी पर इसके फूल चढ़ाती हैं। कहते हैं, एक फूल से एक मासा सोने का पुन्न मिलता है।"

"अच्छा!"

"हाँ, लेकिन केवल कातिक मास में।"

"तुम आती हो?"

"सहेलियों के संग मैं भी आती हूँ। माँ कभी मना नहीं करती। बड़ा अच्छा लगता है, सुबह-सुबह..."—बहन खुश होकर बोली।

तभी मैदान के पार, कुसुम के पेड़ के पास से माँ ने पुकारा—

"फूलबती...रग्घू..."

"आया माँ..." जवाब में मैं चिल्लाया।

माँ तक पुकार पहुँच गई। उसने दोबारा नहीं पुकारा। हम घर की तरफ़ दौड़ पड़े। दौड़ते हुए बहन की चोटी में बँधा रिबन का लाल फूल खुल गया।

हम हाँफते हुए पहुँचे।

''कहाँ घूमते रहते हो?''—माँ झिड़क कर बोली—''खाने की बेला हो गई है। भूख नहीं लगी?''

हमने हँसते हुए ''ना'' में सिर हिलाया। पिता दीवार से टिककर सुस्ताते बैठे थे। दादा अभी भी चटाई बुन रहे थे। उनकी चटाई लेकिन अब पूरी होने को आई थी।

''कैसे भूत जैसे घूमती रहती है बेटा, देख फीता खुल गया है, तुम्हें होश ही नहीं,'' माँ बहन के करीब आ गई। उसके उड़े-उड़े बालों को ठीक किया और चोटी में फिर से रिबन का फूल बना दिया। फिर बोली—

''देख, मैं तेरे लिए क्या लाई?''

''क्या?''—बहन ने उत्सुकता से पूछा।

और माँ ने आँचल खोलकर दो कर्णफूल दिखा दिये।

''अरे...''—बहन खुश हो गई—''कितने सुंदर हैं...''

''पहन कर दिखाओगी, तब तो बिटिया...''—चटाई बुनना छोड़कर दादा बोले।

पिता मुस्कुराए।

''दीदी, पहनो ना...''—मैंने हठ करते हुए कहा।

बहन ने माँ की तरफ़ देखा। माँ ने सहमति में सिर हिलाया। बहन खुशी-खुशी दर्पण के पास चली गई। परछी (बरामदे) की दीवार के एक तरफ़ आले के बगल में दीवार में ही एक टूटे हुए दर्पण का टुकड़ा लगा था। घर बनाते समय उसे दीवार में ही छाब दिया गया था। यानी दीवार की गीली मिट्टी में ही लगाकर सूखने दिया था। वही हमारा दर्पण था। बहन ने दर्पण में देखकर सावधानी से कर्णफूल पहने। दर्पण का टुकड़ा छोटा था। एक साथ पूरा चेहरा नहीं दिखता था। बहन ने बारी-बारी दोनों कानों के कर्णफूलों को ध्यान से देखा। फिर किलकते हुए माँ के पास आई-

''माँ...माँ...देखो...'' पीतल के कर्णफूलों में भी बहन बहुत सुंदर लग रही थी—''एकदम असली सोने जैसे लग रहे हैं न?''

माँ की आँखें भर आईं। अपने आँसू छुपाने के लिए उसने बहन को अपने अंक में भर लिया।

जल रंग

पानी का कोई रंग नहीं होता। उसमे जो रंग पड़ता है, वह उसी रंग का हो जाता है। फिर भी कुछ चीज़ों के रंग। को जल रंग या पानी जैसा रंग कह दिया जाता है। जैसे काँच की गोलियाँ जिन्हें बाँटी या कंचा कहा जाता है। ये लाल, नीले, पीले होते हैं। लेकिन एक कंचा पानी जैसे रंग का होता है—हल्का हरा और पारदर्शी। इसके आर-पार देखा जा सकता है—यद्यपि कुछ धुँधला। चित्रकला के संसार में जल रंग उन सब रंगों को कहा जाता है जो पानी में घोलकर तैयार किये जा सकते हैं। लेकिन यहाँ जल रंग का अर्थ पानी के रंग से या पानी जैसे रंग से है।

छुटपन में कंचे मुझे बहुत पसंद थे—वह भी पानी के रंग वाले। मैं हरिओम के साथ सामने घास के मैदान में कंचे खेलता था जो घर के पास था। हरिओम मेरा पड़ोसी था यद्यपि वह पाँचवीं में था और दो बार फेल हो चुका था। मैं दूसरी में था। इस तरह हरिओम मुझ से पाँच साल बड़ा था लेकिन मैं उसे "भैया-वैया" नहीं कहता, सीधे नाम लेकर ही पुकारता जैसे वह मुझे नाम से पुकारता था, ठीक वैसे ही। उम्र में अंतर होने के बावजूद हरिओम की मजबूरी थी कि वह मुझसे दोस्ती करे क्योंकि पड़ोस में ही था। एक-दूसरे के घर माँ-पिताजी, सबका आना-जाना था। हरिओम के समवयस्क दोस्त दूर-दूर रहते थे।

"ज़्यादा हरिओम के साथ मत खेलो"—कभी-कभी माँ दबे स्वर में डाँटती—"नहीं तो, तुम भी उसकी तरह फेल हो जाओगे।"

फिर कुछ सावधानी से कहती—"अब हरिओम से ऐसा मत कह देना। नहीं तो वह सुमित्रा (हरिओम की माँ) को बता देगा।"

मैं ''हाँ'' में सिर हिला देता। लेकिन माँ भी समझती थी कि हरिओम के बिना आस-पास मेरा कोई दूसरा साथी नहीं है। इसलिए एकाध दिन की बंदिश के बाद मुझे फिर से हरिओम के साथ खेलने की अनुमति मिल जाती—इस हिदायत के साथ कि अधिक दूर नहीं जाना। मैं ''हाँ'' तो कह देता लेकिन हम कुछ दूर काजू के बगीचे में जाकर खेलते। पास रहने पर माँ जब-तब पुकार कर मुझे बुला लेती। हरिओम के साथ भी यही दिक्कत थी। उसे भी आँटी छोटा-मोटा कोई काम पकड़ा देतीं। यह हमें पसंद नहीं था।

कभी-कभी हरिओम हॉफ पेंट की जेब में अपने पिताजी के बीड़ी के कट्टे से दो बीड़ियाँ चुराकर ले आता, दियासलाई रसोई से उठा लाता जिसे आँटी ढूँढ़ती रह जाती थीं। दूसरी बीड़ी वह मेरे लिए लाता लेकिन मैं पीने से इंकार कर देता था। तब वह मेरा मज़ाक उड़ाता—

''तू अभी बच्चा है...''

और बीड़ी का धुआँ मेरे मुँह पर छोड़ देता जो मुझे बिलकुल पसंद नहीं था।

''तू ऐसा करेगा तो मैं चला जाऊँगा...''—मैं चेतावनी देता।

''अच्छा...अच्छा...''—वह हाथ पकड़ कर रोक लेता।

हम काजू की नीचे फैली टेढ़ी-मेढ़ी डगालियों में घने पत्तों के बीच छुपकर बैठते थे। एक बार हरिओम ने जबरन जलती हुई बीड़ी मेरे मुँह में लगा दी और बोला—

''खींच...''

मैंने गहरी साँस खींची तो खूब सारा कसैला धुआँ मेरे सीने में चला गया। मैं खाँसने लगा। हरिओम ज़ोर-ज़ोर से हँसता हुआ भाग गया।

तब हमारी 'कट्टी' हो गई थी।

दो दिनों तक मैं खेलने नहीं निकला। न डर के मारे वह बुलाने आया। लेकिन ऐसी बातों को भला कौन गाँठ बाँध कर रखता। घर में हम ऊबने लगे और फिर साथ खेलने लगे।

कंचा खेलना भी हरिओम ने ही मुझे सिखाया था।

कंचे शोरूम के सामने मुल्कराज-देशराज की किराना दुकान में मिला करते थे। जहाँ माँ के साथ मैं किराने का सामान खरीदने जाया करता था। पिताजी का कार्यालय भी पास ही था। वे सरकारी कर्मचारी थे—ज़िला उद्योग

केंद्र में निरीक्षक। तब छत्तीसगढ़ अलग राज्य नहीं बना था। यह नारायणपुर की कहानी है जहाँ पिताजी की तैनाती थी। नारायणपुर बस्तर का एक छोटा-सा कस्बा था जो घने जंगलों और पहाड़ों से घिरा था। अबूझमाड़ का इलाका यहीं से आरंभ होता था। चारों तरफ़ मुड़िया-माड़िया आदिवासी रहते थे। दरअसल, हम उन्हीं की मातृभूमि में रहने आए थे, पिताजी की नौकरी के कारण। होश ही मैंने यहीं सम्हाला था। बचपन की स्मृति यहीं से आरंभ होती है। साथ में दीदी थी और छोटा भाई भी। हम सब प्राथमिक शाला में पढ़ते थे।

कंचे कई रंग के होते--लाल, नीले, पीले लेकिन मुझे पानी रंग पसंद था। दुकानदार छाँटकर मेरी पसंद के कंचे निकालकर दे देता। हरिओम को यह रंग शायद अधिक पसंद नहीं था। उसके कंचे लाल, नीले, पीले होते थे। यह ठीक भी था। इस प्रकार हमारे कंचे आपस में मिलते नहीं थे।

काजू के बगीचे से लगा हुआ ही घास का मैदान था। हम यहीं कंचे खेला करते। हरिओम अपना कंचा मैदान में थोड़ी-सी घास या दूब उखाड़कर वहाँ रख देता। मैं निशाना लगाकर उसके कंचे को अपने कंचे से मारता। निशाना ठीक लग जाता तो उसका कंचा मेरा हो जाता। निशाना न लगने पर उसका कंचा उसी का रहता और मेरा कंचा मेरा। इस तरह हम कंचे हारते और जीतते थे। मैं छोटा था। शायद इसलिए मेरा निशाना उतना सधा हुआ नहीं था। हरिओम पारंगत था। इस तरह मैं जीतता कम, हारता अधिक था। लेकिन हरिओम अक्सर जीत जाता था। खेल में मज़ा तो आता था लेकिन हार जाने पर मैं रूआँसा भी हो जाता। मेरी हालत देखकर कभी-कभी हरिओम जानबूझकर कम जीतता या नहीं जीतता ताकि मेरा मन छोटा न हो जाए और मैं कहीं खेलना न छोड़ दूँ। न जीतने के लिए वह जानबूझ निशाना ग़लत लगाता और "फिस्स..." से हँस देता। मैं जानबूझकर उसके हार जाने को समझ जाता लेकिन कुछ बोलता नहीं था।

इस प्रकार हमारा खेल चलता रहता। कभी-कभी हमारे कंचे छिटक कर इधर-उधर घास में खो जाते। हम उन्हें खोजते-फिरते। कभी वे मिलते, कभी नहीं मिलते। इस तरह मेरे कंचों के कम होने का यह दूसरा कारण था।

"फिर कंचे हारकर आ रहे हो..."—घर लौटने पर माँ मेरा चेहरा देखकर ही समझ जाती -"अब खरीदने के लिए मत कहना..."

मैं बहाने बनाता—"नहीं माँ, मैं हारा नहीं। कंचे घास में खो गए। हमने

बहुत खोजा पर मिले ही नहीं...''—आवाज़ में पछतावा भरकर मैं सफ़ाई देता।

माँ सब समझ जाती। पर कुछ कहती नहीं। बस मुस्कुराती। और अगली बार देशराज की दुकान जाने पर पुनः मेरी पसंद के कंचे खरीद देती।

ख़ाली समय में मैं कंचे को हथेली में रखकर गौर से देखता। धूप में उसका पानी रंग और पारदर्शी हो उठता। कभी दीदी और छोटे भाई को दिखाता। गुरुजी कहते हैं, पृथ्वी गोल है। तो क्या वह कंचे की तरह गोल होगी! मैं अक्सर सोचता।

मैं माँ से पूछता।

''मैं रोटी सेंक रही हूँ न। अपने गुरुजी से पूछना।''—माँ कहती।

''क्या पता''—बहन बोलती—''मुझे पढ़ने दो।''

पिताजी ऑफ़िस गए होते। भाई तो मुझसे छोटा था। वह क्या बताता। गुरुजी से पूछने की हिम्मत नहीं होती और पिताजी के लौटने पर उनसे पूछना मैं भूल जाता। फिर भी मेरा विश्वास था कि पृथ्वी, कंचे की तरह ही गोल होगी।

एक दिन पिताजी ने कार्यालय से लौटकर बताया कि उनका तबादला हो गया है—दुर्ग—यहाँ से लगभग तीन सौ किलोमीटर दूर। पिताजी खुश थे। गाँव के करीब पहुँच जाएँगे। यहाँ से दादी का गाँव बहुत दूर था। देखते-देखते सामान पैक होने लगा। माँ बहुत व्यस्त हो गईं। छोटी-छोटी चीज़ों को जतन से रखना था। अचार के बड़े-बड़े ज़ार (मर्तबान) थे। माँ इन्हें बरनी कहती थीं। वो बुंदेलखण्ड की थीं तो वहाँ के शब्द भी हमारे घर में चला करते थे। तो इन बरनियों का क्या किया जाए! अचार तो ख़ैर परिचितों में बाँट दिया जाएगा। पिताजी के कार्यालय का चपरासी सहदेव सहायता और सामान आदि बाँधने के लिए आ गया था। सुमित्रा आँटी माँ का हाथ बँटाने आ जातीं। अंकल भी बाहर के कामों में पिताजी की मदद कर रहे थे।

लेकिन हरिओम और मेरा घर की इस अफरा-तफरी से अधिक कुछ लेना देना नहीं था। हम खेलने निकल जाते। माँ टोकती नहीं। उन्हें भी कुछ राहत ही लगती। घर में रहने से तो मेरे सवालों का अंत नहीं था।

कल हमें निकलना था। बड़े-बड़े सामान सब मेटाडोर में लदकर चले गए थे। छोटे-छोटे नाजुक सामान और ज़रूरी काग़जात को पिता जी और माँ ने लोहे की पेटियों और बैगों में रख लिया था। ये बस में हमारे साथ जाएँगे।

हरिओम और मैं काजू की डाल पर बैठे थे। दोपहर का समय था। आज

कंचे खेलने में मन नहीं लग रहा था।

"तो कल तुम चले जाओगे..."—हरिओम ने पूछा।

"हाँ" मैं बोला।

कुछ देर चुप्पी रही। फिर हरिओम ने कहा—"मैं तुम्हारे लिए एक चीज़ लाया हूँ।"

"क्या?"—मैंने कुछ आश्चर्य से पूछा।

हरिओम ने अपने हॉफ पैंट की जेब से निकालकर सफ़ेद रूमाल की एक छोटी-सी पोटली मुझे थमा दी।

"क्या है?"—मैंने पूछा लेकिन पोटली हाथ में लेते ही समझ गया—"कंचे?"

"हाँ"—हरिओम हँसा—"तुम्हारे लिए हैं..."

मेरा खुश होना उसे अच्छा लगा था।

मैंने पोटली को खोलकर देखा तो दोगुनी खुशी से भर उठा। ढेर कंचे थे और सारे पानी के रंग के।

"अरे, ये सब तो मेरी पसंद के कंचे हैं..."

हरिओम दोबारा हँसा—इस बार निःशब्द।

लेकिन मेरा खिला हुआ चेहरा कुछ सोचकर तुरंत कुम्हला गया—

"लेकिन...मैं वहाँ खेलूँगा किसके साथ?"

"कोई दोस्त मिल जाएगा..."—हरिओम की आवाज़ में उत्साह नहीं था।

"और तुम?"—मैंने पूछा।

"मुझे भी..."—उसने बेपरवाह दिखने की कोशिश की।

फिर हम चुप हो गए। बड़ी देर तक चुप्पी रही। मैं कुछ सोच रहा था। शायद हरिओम भी ऐसा ही कुछ सोच रहा होगा। मैं छोटा था और पहली बार मुझे पता चल रहा था कि किसी से अलग होने का दुःख कैसा होता है!

और कैसा होता है जगहों का छूटना!

हम परिंदे नहीं थे जो गाते-गाते एक वन से दूसरे वन को चले जाते हैं।

लौटते हुए मैदान में हरिओम के पाँव के नीचे एक कंचा आ गया। हरिओम ने उठाकर देखा। मेरा कंचा था।

"तुम्हारे जाने के बाद भी ये मिलते रहेंगे..."—वह फिर निःशब्द हँसा।

"तुम रख लेना..."—मैं और क्या कहता!

हरिओम फिर हँसा।

कभी-कभी हम इसलिए भी हँसते हैं कि खुलकर रो नहीं सकते। हरिओम की हँसी भी आज वैसी ही थी।

अगले दिन माँ और सुमित्रा आँटी लिपटकर खूब रोईं। ताँगा आ चुका था—बस अड्डे तक हमें छोड़ने के लिए। अंकल, सहदेव के साथ सामान पहुँचाने चले गए थे। माँ के रोने से मेरी भी आँखें बहने लगीं। बहन उदास-सी खड़ी थी। छोटा भाई अभी नासमझ था। मैंने कमीज़ की आस्तीन से जल्दी से अपनी आँखें पोंछ लीं।

पिताजी छोटे भाई को गोद में लेकर सामने बैठे—ताँगे वाले की बगल में। पीछे माँ बीच में बैठीं। अगल-बगल बहन और मैं बैठे—ताँगा चल पड़ा। आँटी और हरिओम बरामदे में खड़े विदा में हाथ हिला रहे थे। अचानक आँखों के आगे कोहरा-सा छाया और हरिओम धुँधला दिखने लगा।

ये आँसू थे।

तो आँसू भी पानी जैसे होते हैं—मेरे कंचों की तरह—पानी के रंग के।

गेहुँआ

"ब्याह के समय तुम्हारा रंग कैसा गोरा था—मैदे की लोई जैसा—और अब देखो, कैसा गहरा गेहुँआ हो गया है..."—तुलसी देवी ने जाल ठीक करते हुए कहा।

"हाँ" रतन बाबू हँसे—"धूप में घूम-घूम कर..."

"धूप में घूम-घूम कर नहीं, गेहूँ के साथ रहने के कारण। राशन से गेहूँ लाना, धोना-सुखाना-ये जो तुम्हारा प्रिय काम है न, इसीलिए..."

"हाँ-हाँ" रतन बाबू गेहूँ पर हाथ फिराते हुए फिर हँसे—"तुम ठीक कहती हो।" उन्हें तुलसी देवी का परिहास अच्छा लगा।

तुलसी देवी और रतन बाबू ने जाल फैलाया और अधसूखे गेहूँ को ढँक दिया। आँगन में धूप पड़ रही थी। रतन बाबू ने चटाई बिछाई थी। उसके ऊपर पुरानी चादर फैलाकर गेहूँ सुखा दिया था। कव्वों और कबूतरों के कारण गेहूँ को जाल से ढँकना पड़ता था। चादर के चारों छोरों पर कुछ भारी पत्थर रख दिए गए थे ताकि हवा में चादर उड़ न जाए। आज दूसरा दिन था। चैत की धूप में अभी वैसी आँच नहीं थी। फिर कभी बेमौसम बादल भी आ जाते।

"लगता है, अभी कम से कम दो दिन की धूप और लगेगी"—रतन बाबू ने अनुमान लगाया।

"बादल न आए तो..." तुलसी देवी ने आशंका जताई।

"देखो...फिर एकाध दिन और सही"—रतन बाबू ने कंधे उचकाये।

"तुम्हारी मेहनत ही बढ़ेगी। मेरा क्या है। अब मुझसे ये सब कहाँ हो पाता है..."—तुलसी देवी की आवाज़ में कुछ अफ़सोस उभर आया। इधर कुछ बरसों से उनके घुटनों में हल्का दर्द होने लगता, काम अधिक हो जाने पर।

तबीयत भी कुछ नाज़ुक रहती। उन्नीस-बीस चलता रहता। घर का अधिकतर काम रतन बाबू के ज़िम्मे ही पड़ता। पर उन्हें कोई मलाल नहीं था।

"कोई नहीं"—पत्नी की हौसला अफ़ज़ाई करते हुए रतन बाबू बोले—"इस बहाने मेरा व्यायाम भी तो हो जाता है। तभी तो चंगा रहता हूँ।"

"हाँ"—तुलसी देवी बोलीं—"लेकिन कुछ ज़्यादा ही..."

"फिर एक कप चाय मिल जाती है तो सारी थकान हवा हो जाती है..." रतन बाबू बोले।

तुलसी देवी मुस्कुराईं। तो इनको चाय चाहिए। दिनभर में किसी न किसी बहाने छह-सात कप चाय रतन बाबू सुड़क ही जाते हैं। मधुमेह और उच्च रक्तचाप की शिकायत के बावजूद। चाय वह फीकी ही बनाती हैं। फिर भी आधी-आधी चम्मच चीनी का ही हिसाब करो तो भी साढ़े-तीन-चार चम्मच चीनी तो पेट में चली ही जाती है। ठीक है, दवा खाते हैं, दौड़-भाग करते हैं, पसीना बहाते हैं, मिठाई वगैरह कुछ नहीं खाते। फिर भी, जो चीज़ मना है तो मना है।

तुलसी देवी का मन डरता है। अगर इनको कुछ हो गया तो? दूसरा फिर है ही कौन संसार में! बेटियाँ तो दोनों ब्याह के बाद गईं अपने-अपने घर और अब अपनी-अपनी गिरस्ती में मगन हैं। कभी-कभार उनकी चिट्ठियाँ आती हैं। साल-छह माह में वे खुद भी आ जाती हैं। तो क्या!

तुलसी देवी ने गहरी साँस भरी। कितनी लंबी राह है जीवन की। दो-तीन दिन के लिए कोई आ भी जाए तो क्या! चार दिन की चाँदनी। मन तो रोज़-रोज़ का संग-साथ चाहता है। तभी तो कभी-कभी पड़ोसी भी दूर के परिजनों की तुलना में अधिक करीबी हो जाते हैं।

रतन बाबू और तुलसी देवी—इस घर में अब दो ही प्राणी तो बचे हैं। दोनों एक-दूसरे का भरसक ख़याल रखते हैं।

लेकिन चाय के लिए तुलसी देवी मन अधिक कड़ा नहीं कर पातीं। डाकघर से सेवा-निवृत्त होने के बाद रतन बाबू को काफी फ़ुर्सत मिल गई है। लेकिन उनको व्यस्त रहने की आदत है। खोज-खोजकर काम निकालते रहते हैं। दोस्त सब उनके दूर-दूर बसे थे। नियमित मुलाकात संभव नहीं थी। पड़ोसियों से थोड़ी बहुत गप-शप हो जाती थी। समय बिताना रतन बाबू और तुलसी देवी के लिए कोई समस्या न थी! घर के छोटे-छोटे सारे काम वे दोनों

खुद करते। कभी-कभी सब्ज़ी लेने तुलसी देवी रतन बाबू के साथ जातीं। टहलना भी हो जाता। रसोई में भी रतन बाबू छोटी-मोटी मदद कर देते। चटाई पर बैठे-बैठे ग्वाँर की फली वे देखते-देखते तोड़ देते, बातचीत करते हुए। तब तक तुलसी देवी आटा माड़कर तवा चढ़ा देतीं और दूसरी तरफ़ कड़ाही। रतन बाबू भी मदद के लिए रसोई में आ जाते।

समय बहुत सुंदर बीत रहा था। बल्कि दोनों को अक्सर यह लगता कि उनका दाम्पत्य जीवन तो वास्तव में अब शुरू हो रहा है। अब तक का जीवन तो घर-गिरस्ती की ज़िम्मेदारी और बाल-बच्चों को पढ़ाने-लिखाने, उनको बड़ा करने और उनकी शादी-ब्याह में बीत गया था। नौकरी भी बहुत व्यस्त रखती थी।

और अब पेंशन भी तो बिना काम किये घर-बैठे मिलने वाला वेतन ही है—अब तक के सेवाकाल का मुआवज़ा। काम में कोई ग़लती हो जाने का अब डर भी नहीं।

जैसे सिनेमा में कैलेण्डर फड़फड़ाता है, ढेर सारे परिंदे उड़ते हैं और बच्चा हीरो पलक झपकते जवान हो जाता है, वैसे ही रतन बाबू और तुलसी देवी को लगता है कि वे पलभर में युवा से अधेड़ हो गए हैं। दुर...अभी से अपने को बूढ़ा भला कौन मानता है! अभी तो हाथ-पाँव चल रहे हैं। तन चाहे अब कुछ जल्दी थक जाता हो लेकिन छोटी-छोटी उड़ानों के लिए ही सही, मन के पंख तो अब भी फैलते हैं।

चाय बनाते हुए तुलसी देवी जाने क्या-क्या सोचने लगी थी। वह किसी काम के बहाने अंदर आई थी और चाय बनाने लगी। रतन बाबू को अचानक चाय देकर वह उन्हें सुखद आश्चर्य में डाल देना चाहती थी। अब आदमी चाय भी न पिये तो क्या करे। अब जीने के लिए दो-चार छोटे-छोटे सुख तो चाहिए ही। एक तश्तरी में दो-तीन मठरी और दो कप चाय लेकर तुलसी देवी बाहर आईं।

"अरे..."—अख़बार की सुर्खियाँ देखते रतन बाबू ने सिर उठाया तो सुख से भर उठे -

"पूछा भी नही..."—कप उठाते हुए उन्होंने कहा।

"पूछने की क्या जरूरत? मैं क्या जानती नहीं कि चाय की फ़रमाइश अब आने ही वाली है।"

और दूसरा कप उठा कर खुद भी चबूतरे पर बैठ गईं। तश्तरी बीच में रखी हुई थी।

"तुम भी चाय की अभ्यस्त हो जाओगी..."—रतन बाबू ने मठरी उठाते हुए कहा।

"लगता तो है"—तुलसी देवी मुस्कुराईं।

पहले तुलसी देवी चाय बहुत कम पीती थीं—नहीं के बराबर। रोटी भी उनके भोजन का हिस्सा तो था लेकिन सम्पूर्ण भोजन नहीं था। रतन बाबू बुंदेलखण्ड के थे। दोनों जून रोटी वाले। तुलसी देवी छत्तीसगढ़ से आई थीं जिसे धान का कटोरा कहते हैं। तुलसी देवी को दोनों समय थोड़ा भात चाहिए होता। लेकिन धीरे-धीरे वो अलसाने लगीं। बेटियों की विदाई के बाद तो और भी। अब केवल अपने लिए कौन बनाए। रोटी उनकी भी आदत में शुमार हो गई। रतन बाबू कभी-कभार उनका साथ देने के लिए खुद ही चावल की डेकची चूल्हे पर चढ़ा देते थे।

तुलसी देवी को लगता जैसे छत्तीसगढ़ से बुँदेलखंड आते-आते रास्ते भर धान झरता गया और घर पहुँचने तक कटोरा खाली हो गया। और अब कटोरे में गेहूँ भर गया था।

यदि भूख का भी कोई रंग होता हो, तो कहा जा सकता था कि तुलसी देवी की भूख का रंग भी अब सफ़ेद से गेहुँआ हो गया था। लेकिन इस रोटी के लिए रतन बाबू जितनी मशक्कत करते, यह तुलसी देवी को अब अखरने लगा था। वह गाहे-बगाहे टोकती रहतीं—

"तुम क्यों इतनी मेहनत करते हो। राशन दुकान की लम्बी कतार में खड़े रहते हो—धूप, शीत, बरसात में। फिर गेहूँ हमें फटकना-चुनना होता है। फिर धोना। तीन-चार दिन सुखाना। फिर चक्की ले जाकर पिसाना। दूसरों की तरह सीधे आटा क्यों नहीं खरीदते... ?"

"तुम नहीं समझोगी"—रतन बाबू कहते—"इसमें जो सुख-संतोष है कि हम साफ़ और धुले हुए गेहूँ का आटा खा रहे हैं। वह सीधे खरीदे आटा में कहाँ। केवल चुनकर और साफ़ करके गेहूँ पिसवा लिया जाता है। क्या कोई उसे धोता होगा ? फिर अखबार में पढ़ी एक-दो ख़बरों का हवाला देने लगते कि अमुक प्रदेश के अमुक गाँव में किस तरह कीटनाशक मिले गेहूँ का आटा खाने से कितने घराती-बराती बीमार पड़ गए थे और गुज़र गए थे,आदि-आदि।

तुलसी देवी रतन बाबू की बात से सहमत तो हो जातीं लेकिन उनको असली मलाल स्वयं कुछ न कर पाने का था। काम का पलड़ा रतन बाबू की तरफ़ ही झुक जाता। और यह भी ठीक था कि कुछ घरेलू व्यस्तताएँ भी न होंगी, तो ये पहाड़ जैसे दिन कटेंगे कैसे। स्वास्थ्य अच्छा रहता है,सो अलग। वरना खाली दिमाग, शैतान का घर—वह क्या नहीं जानतीं।

अगले दिन सुबह धूप के चढ़ते ही रतन बाबू ने पुनः गेहूँ आँगन में फैला दिया और जाल से ढँक दिया। शाम को गेहूँ वे अंदर रख लेते थे। धूप ने साथ दिया तो आज गेहूँ ठीक तरह से सूख ही जाएगा—उन्होंने सोचा और चबूतरे पर बैठ गए।

रतन बाबू को लगा कि आज तबीयत कुछ ढीली-ढाली है। रोज़ जैसी तर-ओ-ताज़गी महसूस नहीं हो रही थी। हाथ-पाँव में हल्का दर्द और आँखों में जलन, जैसे नींद पूरी न हुई हो। फिर सीने में हल्का-हल्का दर्द उठता और रुक जाता। शायद गैस का दर्द हो। उन्होंने पुदीन हरा की एक गोली पानी के साथ निगल ली। कुछ देर टहलते रहे। लगा, जैसे आराम मिला है।

लेकिन थोड़ी देर बाद दर्द फिर उठा और धीरे-धीरे बढ़ने लगा। अब दर्द बीच-बीच में रुक नहीं रहा था। सीना मलते हुए वे चबूतरे पर लेट गए।

नहाकर और आसन में दीया जलाकर तुलसी देवी जब चाय लेकर आँगन में आईं तो रतन बाबू को इस तरह देखकर घबरा गईं—

"क्या हुआ?"

"लगता है, अस्पताल जाना पड़ेगा। तुम घबराओ नहीं। गैस का दर्द होगा..."

"कोई दवा ली?"

"पुदीन हरा ली। पर आराम नहीं है।"

तुलसी देवी के हाथ-पाँव ठण्डे हो गए। हिम्मत बटोर कर वह पड़ोस के सिन्हा जी के यहाँ दौड़ी। उनका बेटा मिंटू तुरंत आ गया।

उसकी स्कूटी पर वे तीनों तुरंत शासकीय चिकित्सालय पहुँच गए जो करीब ही था। इमरजेंसी वार्ड में नर्स और डॉक्टर ने चेकअप किया। तुरंत एडमिट कर लिया। ई.सी.जी. रिपोर्ट के आने से पहले ही आपातकालीन दवा और इंजेक्शन दे दिये गए।

"आप लोग बिलकुल ठीक समय पर आ गए। दिल का दौरा पड़ने ही

वाला था। देर होती तो मुश्किल हो जाती। लेकिन चिंता की बात नहीं। दिन भर एडमिट रहना होगा। शाम को छोड़ देंगे।''

तुलसी देवी के सूखे प्राण हरे हो गए। वह रतन बाबू के बेड के बगल में रखे स्टूल पर बैठ गईं। मिंटू को वापस भेज दिया गया। उसे परेशान करना अब उचित नहीं था।

''कुछ चेकअप बाद में करवा कर डॉक्टर से मिलना होगा''—नर्स ने कहा।

तुलसी देवी ने सहमति में सिर हिलाया।

''अब इन्हें सोने दीजिए...''—नर्स ने कहा और दूसरे बेड के मरीज को देखने चली गई।

शायद दवा का असर था, रतन बाबू को झपकी आने लगी। और वो सो गए।

लेकिन सोने से पहले तुलसी देवी को समझा दिया था कि अभी किसी को ख़बर मत करना। सब परेशान होंगे। ज़रूरत हुई तो घर पहुँच कर बता देंगे। तुलसी देवी ने रतन बाबू को भरोसा दिया कि वे उनकी इच्छा के विरुद्ध कुछ नहीं करेंगी।

घण्टे भर बाद मिंटू आकर दोनों के लिए खिचड़ी और थर्मस में चाय दे गया। कुछ फल भी। सिन्हा भाभी ने भिजवाए थे। पर तुलसी देवी ने केवल चाय पी। अस्पताल में कहाँ कुछ खाया जाता है! और वह भी ऐसे में!

कोई दो घंटे के बाद रतन बाबू अधनींद से जागे। पानी पिया और पूछा—''कितने बजे होंगे?'' तुलसी देवी ने घड़ी के लिए इधर-उधर देखा। खिड़की के बाहर गुलदोपहरी के फूल कुम्हलाने लगे थे।

''दोपहर ढलने लगी है''—तुलसी देवी बोलीं—''तुम सो जाओ...''

''गेहूँ सूख गया होगा''—करवट बदलते हुए रतन बाबू बोले।

तुलसी देवी की आँखें भर आईं।

आदमी जब बाहर होता है, तब सबसे ज़्यादा घर में होता है। घर में तो हम बाहर भटकते रहते हैं।

काई

कलिंदर (तरबूज) बाहर से काई रंग का होता है। किन्तु भीतर लाल। खूब रस भरा। फुटबॉल की तरह गोल। हिरेन्दु के लिए वह एक खेल था। वह उसे लुढ़का-लुढ़काकर खेलता रहता किन्तु उठाने में उसके छोटे-छोटे हाथ दु:खने लगते थे। वह उसे फिर रेत पर पटक देता।

"माँ, कलिंदर का रंग वैसा ही है न, जैसे काई का?"

"हाँ," माँ बोली। वह घर से लाई अंगाकर रोटी और चटनी कलेवा के लिए निकाल रही थी। बहुर कलिंदर बाड़ी में काम कर रहा था।

हिरेन्दु को पता है, काई कैसी होती है। नदी की जिस धार किनारे हिरेन्दु माँ के साथ नहाने जाता था। वहाँ एक पत्थर पर काई जमी हुई थी।

"जो पत्थर हर समय पानी में डूबे रहते हैं, उन पर काई जम जाती है..." माँ कहती—"इन पर पाँव रखने से पाँव फिसलता है।" वह हिरेन्दु को आगाह करती।

रेत पर बैठकर सुस्ताता हुआ बहुर कान में खुँसी बीड़ी निकालता और सलूखे की जेब से दियासलाई निकालकर सुलगा लेता। दो जून की रोटी कमाने के लिए उसे हाड़-तोड़ मेहनत करनी पड़ती थी। तब भी खींच-तान लगी रहती थी। माँ-बेटे की बात सुनकर उसे लगा, जैसे वह भी पानी में डूबा कोई पत्थर हो जिस पर काई जमी रहती है। काई उसके जीवन का जैसे स्थायी रंग हो। गरीबी ऐसी ही काई है। कितना भी रगड़ो, यह जाने वाली नहीं।

नदी के बीचोंबीच बहुर की कलिंदर बाड़ी थी। इसे तरबूज का खेत भी कह सकते हैं—बिना मेड़ों वाला खेत। बाड़ी के बीच में छोटी-सी घास-फूस और पैरा (पुआल) की कुटिया थी जो बाँस और बेशरम (बेहया) की झाड़ियों

के सहारे बनाई गई थी। भीतर चटाई, अण्डी की एक चादर, एक-दो बर्तन और पानी का काला घड़ा था। नदी का पानी ही छानकर इसमें भर लिया जाता। गर्मी में नदी प्राय: सूख जाती। पैरी-सोंदुल कई धाराओं में बँट जातीं। धारा उथली हो जाती। इन्हीं धाराओं के बीच रेत के सूखे हिस्सों में कलिंदर की खेती की जाती। इसके बाद महानदी थी। उसमें साल भर कमर जितना पानी बहता। नदी का पाट बहुत चौड़ा था क्योंकि यह तीन नदियों का संगम था।

शाम को हिरेन्दु की माँ घर लौट जाती—हिरेन्दु को लेकर। अगले दिन सुबह वह नाश्ता—खाना लेकर पुन: आती। दिन भर वह पति के काम में सहायता करती। हिरेन्दु दिन भर यहीं खेलता रहता।

कलिंदर की खेती में कड़ी मेहनत थी। यह चार महीने की फ़सल थी—पूस से लेकर चैत तक। देर से बोने पर फ़सल बैशाख तक खिंच जाती। दो महीनों के भीतर नार (लताओं) में पीले फूल आने लगते और तीन महीने गुज़रते-गुज़रते फल पककर बड़े आकार में तोड़ने-बिकने लायक तैयार हो जाते। चौथा माह उपज का महीना होता—मेहनत के रंग लाने का महीना। एक किसान का असली फागुन तभी पड़ता है, जब उसकी मेहनत रंग लाती है।

उतरते पूस के दिनों में—जब नदी का पानी बहुत कम होकर अनेक धाराओं में बँट जाता और खेती के लिए पर्याप्त जगह निकल आती—तब बुआई का काम शुरू होता था। इसके लिए डेढ़ फुट चौड़ी और दस फुट लम्बी क्यारी रेत में खोद ली जाती। यह कमर जितनी गहरी होती। क्यारी के तल से दो मुट्ठी रेत हटाने से पानी ओगर (निकल) जाता था। नदी कभी पूरी तरह नहीं सूखती। वह अंत:सलिला होती। भीतर-भीतर वह बहती रहती। किसान क्यारी की खुदाई इसी अदृश्य जल कुण्ड की सतह तक करता और गोबर खाद डालकर कलिंदर के काले बीजों को एक-एक कर कुछ-कुछ दूरी में बो देता। कलिंदर पानी की ही बेल है। बीज से अंकुर फूटते और गीली रेत में बेल तेज़ी से बढ़ती। आठ-दस दिन में बेल क्यारी की आधी गहराई तक उठ आती। तब आधी क्यारी में रेत भर दी जाती। फिर आठ-दस दिनों में बेल क्यारी के ऊपर नदी की सामान्य सतह तक आ जाती, तब पूरी क्यारी को रेत से पाट दिया जता। इस तरह सूखी नदी में कतार से क्यारियाँ होतीं। कभी-कभी बची हुई जगह में लौकी, कुम्हड़ा, करेला, बरबट्टी आदि की बेलें भी बो दी जातीं। टमाटर के पौधे भी लगा लिए जाते। यह सहायक

फ़सल की तरह होती।

फ़सल उगने भर की देर होती कि गाय-बैल-बकरियों की आँखों को सूखे दिनों की यह हरियाली लुभाने लगती। बरदी (रेवड़) झुण्ड-की-झुण्ड नदी में पानी पीने उतरती! अकेला बरदिहा कितना सम्हालता। दो-चार चंचल गाय-बैल और नटखट बकरियाँ खेत की तरफ़ दौड़ लगा देतीं। ऐसे में बरदिहा से पहले लाठी लेकर बहुर को दौड़ना पड़ता। फ़सल तो आखिर उसकी है। इसलिए बेशरम की झाड़ियों का घेरा बनाया जाता लेकिन यह अधिक मज़बूत नहीं होता।

दिन में गाय-बकरियों की चिंता रहती तो रात में ऊद और बनबिलाव का डर। बहुर को लाठी और लालटेन के सहारे सारी रात जगना पड़ता। इसलिए दोपहर को खाना खाने के बाद वह थोड़ा सो जाता। तब रमौतिन (बहुर की पत्नी) और हिरेन्दु खेत की रखवाली करते थे। ऊद, ऊदबिलाव को कहते। यह बड़ा होता। बनबिलाव छोटा। लेकिन प्रजाति दोनों की एक ही होती। ये झुण्ड में आते और खरबूजों को थोड़ा-थोड़ा खाकर छोड़ देते। फ़सल को भी तहस-नहस कर देते। इनसे बहुर को चौकन्ना रहना पड़ता। वह लालटेन लेकर रात को बाड़ी (खेत) में घूमता रहता। अंधेरे में ऊद और बनबिलाव की आँखें चमकतीं तब बहुर लाठी लेकर "हय्य...हय्य..." चिल्लाता हुआ उनकी तरफ़ दौड़ता और वे भाग जाते।

इस बार फ़सल तो अच्छी हुई है। देखो, दाम कितना मिलता है। बहुर का उत्साह अभी बना हुआ है। थोड़ी-सी साग-सब्ज़ी भी उसने बो रखी है। उसका भी आसरा है। फिर भी, कलिंदर के दाम को लेकर रह-रहकर वह आशंकित भी हो उठता है।

रमौतिन कपड़े धोकर नहा चुकी है। हिरेन्दु को भी उसने नहला दिया है। रेत में कपड़े सुखा देने के बाद उसने पति की ओर देखा। वह जाने किस सोच में डूबा हुआ था। बीड़ी कभी की बुझ चुकी थी।

"नहाओगे नहीं?"—रमौतिन ने पूछा।

"हाँ..."—बहुर विचारों के संसार से वापस लौटा।

"जल्दी नहाकर, बासी (पानी में डूबा भात) खाकर थोड़ा आराम कर लो। रात में तो फिर जागना ही पड़ता है।"

"अच्छा..."—बहुर बोला और उठ खड़ा हुआ।

रमौतिन हिरेन्दु को लेकर कुटिया में चली गई।

तभी बैसाखू भी नहाने आ गया। कुछ दूरी पर वह भी कलिंदर की खेती कर रहा था। उसने फ़सल बहुर से पहले बोई थी। इसलिए कलिंदर भी तोड़ने-बिकने लायक पहले तैयार हो गए थे। आज वह पहली डाक लेकर हाट में गया था। बहुर खुद उससे मिलने के लिए बेताब था ताकि कलिंदर का बाज़ार-भाव पता चल सके। बैसाखू अपनी बाड़ी के पास ही चाहता तो नदी में नहा सकता था लेकिन वह बहुर को नहाता देखकर उसके संग-साथ के लिए इस तरफ़ आ गया।

आदमी आख़िर सामाजिक प्राणी है। इसी बहाने सुख-दुःख की दो-चार बातें भी हो जाती हैं। फिर हताशा में एक आदमी दूसरे के पास खिंचा आता है। दो जनों के संग-साथ से बिना चंद्रमा के भी हताशा का कृष्ण पक्ष कुछ उजला हो जाता है।

"क्या हुआ?" बैसाखू का उतरा मुँह देखकर बहुर की आवाज़ भी आशंकित हो उठी।

"क्या होगा..." हताश स्वर में बैसाखू बोला और घाट के एक पत्थर पर पानी सींच कर बैठ गया। तट की रेत अब गरम होने लगी थी।

"क्या कलिंदर के ठीक दाम नहीं मिले?"—बहुर का स्वर अधीर था।

"कहाँ ठीक दाम! छोटे कलिंदर पाँच रुपए और बड़े कलिंदर सात रुपए प्रति नग के हिसाब से बिके हैं। बुआई खर्चा तो जैसे-तैसे निकल जाएगा लेकिन आगे कितने दिन गुज़ारा होगा, कहना मुश्किल है। और ये जो हाड़-तोड़ मेहनत हुई है, इसका क्या!"

"अरे!" सुनकर बहुर के जैसे प्राण सूख गए। ज़िसका डर था, वही हुआ।

"तुम मन छोटा मत करो..." खुद को सम्हालते हुए उसने बैसाखू को समझाया—

"कुछ दिन में भाव शायद चढ़ जाए..."

"देखो..."—बैसाखू की आवाज़ अभी भी बुझी हुई थी।

"तुम नहाओ-खाओ और अभी आराम करो। अतेक संसो (इतनी चिंता) करने से क्या लाभ?"

बहुर की बात पर बैसाखू ने बस "हाँ" में सिर हिला दिया।

बहुर कुछ देर सिर खुजलाते खड़ा रहा और बैसाखू को देखता रहा।

फिर वह नहाने के लिए आगे बढ़ा। वह भी पता नहीं किस उधेड़बुन में था कि उसका पाँव काई लगे पानी में डूबे पत्थर पर पड़ा और वह फिसलकर पानी में गिरते-गिरते बचा। सम्हल जाने पर उसने पलट कर कुछ गुस्से और हिकारत से काई लगे पत्थर की तरफ़ देखा।

जब तक यह काई रहेगी; वह इसी तरह फिसलता और गिरता रहेगा। बहुर की दृष्टि बाड़ी में फले कलिंदरों की ओर गई। धूप में उनका गहरा हरा; काई रंग चमक रहा था।

बहुर मुस्कुराया। एक काई रंग उसे गिराता और डुबाता है और दूसरा; उसे उबारता है।

कत्थई

इमली पककर कत्थई हो जाती है—पहले हरी, फिर भूरी, फिर कत्थई। ज़िन्दगी कितने रंग बदलती है! एक जीवन में कितने सारे रंग—मृत्यु के अंतिम रंग से पहले! इमली के पेड़ के नीचे खड़ा हुआ गोपी यही सब सोच रहा था।

दो गाँवों के बीच खेत, पोखर और हल्का जंगल था। वह साइकिल से गुज़र रहा था। इमली के चिर-परिचित, घने छायादार पेड़ ने उसे रोक लिया। पेड़ बहुत ऊँचा था। पकी हुई इमलियाँ टहनियों में भी लटकी थीं और नीचे खेत में भी गिरी हुई थीं। खरीफ़ की कटाई के बाद खेत सूने और निर्जन पड़े हुए थे—वीतरागी के हृदय की तरह। चैत ढलान पर था। दोपहर की धूप देह को चुभने लगी थी।

इमली का पेड़ सब बटोहियों को रोक लेता था—घड़ी भर सुस्ताने का न्योता देता हुआ। आसपास बबूल के पेड़ अधिक थे जिनकी छाया झीनी थी। इमली का पेड़ इतना घना, छतनार और छायादार था कि गमछा बिछाकर खेत में कुछ समय सुस्ताने का मन करता था। इस खेत से लगी हुई एक तलैया थी। इस पोखर का नाम करही डबरी था। खोखमा के लाल फूलों के ऊपर मँडराते जलपाँखियों का कलरव यहीं से सुनाई देता था।

इमली की टहनियों में बुलबुल बोल रही थी। गोपी ने सिर में बँधा लाल गमछा खोलकर खेत में बिछाया और लेट गया—पैंट, कमीज़ की परवाह किये बिना। माँ बिना गमछा के धूप के दिनों में उसे बाहर निकलने नहीं देती थीं। कौन कहेगा कि यह युवक हिन्दी साहित्य में एम.ए. है और प्रतियोगी परीक्षाओं की तैयारी के साथ-साथ गाँव में खेती-किसानी भी करता है। वह

यदुवंशी है। घर में ढेर गाय-भैंस। पिताजी का दूध का व्यवसाय था। गोपी इस काम में भी पिताजी का हाथ बँटाया करता। अभी वह गाँव धमनी से लौट रहा था—अपने दोस्त चंद्रहास से मिलकर और एक किताब लेकर।

माँ को पता चलेगा कि वह इस पेड़ के नीचे रुका है तो फिर नाराज़ होंगी। वह कहती हैं कि मुसाफ़िर अपनी इच्छा से यहाँ नहीं रुकते बल्कि यह पेड़ उन्हें रोक लेता है। यह पेड़ भुतहा है और इसमें सतबहिनी रहती हैं। लेकिन सतबहिनी के बारे में कहा जाता है कि वे अच्छी चुड़ैलें हैं। भले लोगों को नहीं सतातीं। केवल दुष्टों को ही अपनी गिरफ़्त में लेती हैं और उन्हें परेशान करती हैं। सतबहिनी अर्थात् सात बहनें। कहा जाता है कि सन् सड़सठ के अकाल में भूख से इनकी अकाल मौत बंजर खेत में इमली के पेड़ के नीचे हो गई थी। तब से यह पेड़ ही उनका आवास है।

लेकिन पढ़ा-लिखा गोपी इन सब बातों को भला क्यों मानने लगा। फिर शिक्षा का अर्थ ही क्या! वह माँ से चुहल करता—

"माँ, देखो, मैं तो ठहरा भला मानुष। सो मुझे सतबहिनी परेशान नहीं करेंगी। यह तय बात हुई। मेरी कोई बहन नहीं। मैं अकेला हूँ। राखी में मेरी कलाई सूनी रहती है। ज़रा सोचो, अगर सतबहिनी से मेरी जान-पहचान हो गई तो मुझे एक साथ सात बहनें मिल जाएँगी और तुम्हें सात बेटियाँ..."

माँ का पारा और चढ़ जाता—"अच्छा! आने दो तुम्हारे बाबू जी को, बताती हूँ। चार किताबें क्या पढ़ लीं, दिमाग खराब हो गया है। आजकल के बच्चे...जब कुछ हो जाएगा तब पता चलेगा..."

और वह बड़बड़ाती हुई जूठे बर्तन उठाकर चली जातीं। गोपी आँगन में हाथ धोने लगता। माँ रसोई के दरवाज़े पर फिर प्रकट होतीं—

"भरोसा नहीं है तो जाकर कौशल्या के बेटे किसिल की हालत देखो। पेशाब करने रुका था उसी इमली के पेड़ के नीचे। फिर महीनों घर नहीं लौटा। बड़ी खोज-ख़बर के बाद एक गाँव में पागलों की तरह घूमता-भटकता मिला। फटे-पुराने कपड़े। दाढ़ी बढ़ी हुई। किसी को पहचानता न था। वापस तो आ गया लेकिन क्या फ़ायदा। कितनी जगह झाड़-फूँक करवाया। फिर भी हालत जस की तस..."

ऐसे एक दो उदाहरण माँ के पास थे—उसे सचेत करने और डराने के लिए।

"अच्छा बाबा, अब नहीं जाऊँगा उधर। मैं तो मज़ाक कर रहा था।"

माँ का मन रखने के लिए वह कह देता। तब जाकर माँ शांत होतीं। अब रही किसिल की बात, तो गोपी क्या जानता नहीं कि उसकी इस हालत की ज़िम्मेदार कोई सतबहिनी नहीं बल्कि कुंती थी। कितना चाहता था वह कुंती को। लेकिन उसके घर वाले जात बाहर ब्याह के लिए राज़ी नहीं हुए। कुंती में इतना साहस नहीं था कि वह किसिल के साथ कहीं भाग जाए और ब्याह कर ले। वह घरेलू लड़की थी और आठवीं के बाद उसकी पढ़ाई छुड़वा दी गई थी। अंततः रोती-बिलखती वह अपने ससुराल विदा हो ही गई।

लेकिन किसिल ने ब्याह नहीं किया और धीरे-धीरे हँसमुख और बातूनी किसिल चुप्पा होता गया। मर्ज़ बढ़ता ही गया, ज्यों-ज्यों दवा की। और एक दिन वह घर छोड़कर चला गया। मिला तो इस हालत में। प्रेम जब बनाता है तो इंसान को कंचन से कुंदन बना देता है और जब बिगाड़ता है तो ठूँठ और राख में बदल देता है। जैसे हरे-भरे वृक्ष पर बिजली गिर गई हो।

और बिजली केवल किसिल पर कहाँ गिरी थी। गोपी के सीने पर प्रसाद का "आँसू..." उलटकर रखा हुआ है—"मानव जीवन वेदी पर/परिणय हो विरह-मिलन का/सुख-दुःख दोनों नाचेंगे/है खेल आँख का, मन का।" एक पकी हुई इमली किसी पंछी के कुतरने से अभी उसके बगल में गिरी। उसने दोबारा उसके कत्थई रंग को देखा। गोपी ने गहरी साँस ली और आँखें बंद कर लीं। उसे लगा, जैसे एक कत्थई दुपट्टे ने उसे ढँक लिया हो। उसने आँखे खोलीं। कहीं कुछ नहीं था। उसने दोबारा आँखें बंद कीं। कत्थई दुपट्टे ने दोबारा उसे ढँक लिया।

और रमा भी तो गई अपने घर। अपनी घर-गिरस्ती सम्हालने। पर लगता है जैसे अब भी गाँव में हो। लोग जो मन के पास होते हैं, अपनी अनुपस्थिति में भी उपस्थित होते हैं। अभी आँखें खोलने पर जैसे इमली के पेड़ से टिककर वह बैठी मिलेगी। कत्थई सलवार, गुलाबी कुर्ता और कत्थई दुपट्टे में।

यहाँ तक कि उसकी उँगलियाँ भी कत्थई लगती थीं। कितनी भी सावधानी से पान बनाओ, उँगलियों में कत्था लग ही जाता था।

"इसे घर जाकर खाना..." पहली बार पान का बीड़ा पकड़ाते हुए रमा ने कहा था। उसे कुछ आश्चर्य हुआ। भला यहाँ क्यों नहीं खा सकता!

"क्यों"—उसने पूछा था।

"ऐसे ही..."—रमा बोली और हँसती हुई चली गई।

कुछ देर हिलते हुए परदे को वह देखता रहा। फिर घर लौट आया था। घर आकर उसने बीड़ा खोला तो दृष्टि सबसे पहले उस कागज़ पर पड़ी जिससे वह लिपटा हुआ था। पहले की तरह यह अख़बारी कागज़ नहीं था, बल्कि नोट बुक का पन्ना था जिस पर सुंदर लिखावट में कुछ लिखा हुआ था। कागज़ सीधा किया और पढ़ना शुरू किया तो वह एक पत्र था—रमा का पत्र गोपी के नाम। पत्र में जगह-जगह पान के कत्थई दाग लग गए थे जिनके कारण कुछ शब्द समझ में नहीं आ रहे थे। वहाँ अनुमान से काम चलाना पड़ता था। फिर भी, किसी मन को समझने के लिए कभी शब्द कम नहीं पड़ते। रमा का मन साफ़-साफ़ समझ में आ रहा था।

तब गोपी बी.ए. अंतिम वर्ष का छात्र था और रमा प्रथम वर्ष में थी। दोनों कस्बे के कॉलेज में पढ़ते थे जो गाँव से लगभग पाँच किलोमीटर दूर था। रमा अपनी सहेलियों के साथ जाती और गोपी दोस्तों के साथ। साइकिल आवागमन का आसान साधन थी।

पान की आदत लेखा के संग दोस्ती का परिणाम थी। छुट्टी के बाद वह खुद भी खाता और गोपी को भी ज़बरदस्ती खिला देता था। फिर भी, यह कभी-कभी पान खाने की आदत ही थी। अभी लत नहीं बनी थी।

गाँव में रमा के पिताजी की पान की दुकान थी। दुकान घर की बैठक में ही खोल ली गई थी। जब पिताजी बाहर रहते या दोपहर खाना खाकर आराम करते तब दुकान रमा सम्हाल लेती थी। गाहे-बगाहे रमा की माँ भी बैठतीं लेकिन उन्हें आमतौर पर रसोई के काम से ही फ़ुर्सत नहीं मिलती थी।

गोपी का पान खाकर आना बाबूजी और माँ को कतई पसंद नहीं था। यद्यपि घर आने से पहले वह पान खत्म करके कुल्ला कर लेता था लेकिन लाल-लाल होंठ चुगली कर देते थे।

"आ गए हीरो बनकर..." खाट पर बैठे पिताजी बिफरते-"पहले चार पैसा कमाना सीखो तब पान खाने का शौक पालना..."

"वह लेखा ने खिला दिया..."—वह अपराधी की तरह सिर झुकाये हुए कहता।

अंदर जाता तो खाना परोसती हुई माँ घूर कर देखती—"पान खाते हो तो तुम बिलकुल अच्छे नहीं दिखते। पता है, नाचा पार्टी में हारमोनियम बजाने वाले जैसे लगते हो..."

"माँ..."—वह गुस्सा हो जाता और खाना छोड़कर उठने का स्वाँग करता।

"अब चुपचाप बैठकर सीधे खाओ..."—माँ तमक जातीं—"ज़्यादा गुस्सा मत दिखाओ!"

और वह फिर बैठ जाता। भूख तो तेज़ लगी ही होती।

तो इस तरह पान खाने का कोई बहुत शौक गोपी को नहीं था। कपूरी मीठा पान तो एक बहाना था। पान न खाता तो पान के बीड़े में लिपटा हुआ रमा का पत्र उसे कैसे मिलता।

लेकिन वह अपना पत्र रमा तक कैसे पहुँचाए? यह एक समस्या थी। ऐसे में कॉलेज से लौटते वक़्त जब-तब रमा की साइकिल की चेन उतर जाती। रमा चेन न खुद चढ़ा पाती न सहेलियों को चढ़ाने देती—

"रहने दो, हाथ खराब हो जाएगा..."

तब तक कॉलेज से लौटता हुआ गोपी आ जाता। अपनी साइकिल खड़ी करके वह रमा की साइकिल की चेन चढ़ा देता।

"साइकिल चलाती हो और चेन चढ़ाना भी नहीं आता..."—गोपी हँसकर उपालंभ से कहता।

"हाँ...नहीं आता..."—रमा झूठे ही झेंपती।

इस बीच गोपी अपना पत्र रमा की किसी किताब में दबा देता था।

गोपी और रमा के खेत लगे हुए थे। इन्हीं खेतों में कुछ दूर यह इमली का पेड़ था। आमतौर पर इधर कोई नहीं आता। पेड़ भुतहा जो था। परीक्षा के दिनों में गोपी दोपहर को पढ़ा करता। यहाँ शांति होती। घर और गाँव के कोलाहल से दूर केवल पंछियों के संगीत के बीच पढ़ना उसे पसंद था। चारों तरफ़ की हरियाली में मन ऊबता न था। ऐसे में कभी-कभी रमा भी अपनी किताब लेकर इस तरफ़ आ जाती। दोनों अलग-अलग पेड़ की छायाओं में पढ़ते। ऊब जाते तो इस इमली के नीचे आकर बैठ जाते। थोड़ी बातचीत से मन फिर तरोताज़ा हो जाता। उनका बचपन और कैशोर्य ऐसे ही बीता था और अब युवावस्था की दहलीज़ पर पहुँच जाने पर भी आपसी व्यवहार में अधिक फ़र्क नहीं पड़ा था। गाँव का समाज उदार था और ऐसे संग-साथ में कोई खोट नहीं देखता था—जब तक बात बहुत बढ़ न जाए...। लोग भी घर-परिवार और गाँव-समाज की मर्यादा का भरसक ध्यान रखते।

ऐसे ही संग-साथ में दोस्ती की गीली मिट्टी में प्रेम का अंकुर कब फूट

पड़ा—उन दोनों को ठीक-ठीक पता ही नहीं चला। कई बार तो लोग दोस्ती को ही प्रेम समझने की भूल कर बैठते हैं और कई बार प्रेम भी सिर्फ़ दोस्ती बनकर घर की दहलीज़ के अंदर छूट जाता है। गोपी ठीक-ठीक कुछ समझ नहीं पाता। रमा तो फिर उसे बच्ची ही लगती।

रमा जब-तब गोपी के घर कभी कोई किताब लेने, कभी किताब लौटाने और कभी कुछ समझने के लिए आ धमकती। सुबह-सुबह अक्सर वह माँ को दोने मे भरकर पारिजात के फूल दे जाती। उसके खुले बालों से पानी की बूँदें टपकती रहतीं। उसका चेहरा कँवल के गुलाबी फूल-सा ताज़ा दिखता। बड़ी-बड़ी काली आँखों से उसका हिरणी जैसा भोलापन प्रकट होता। उसकी हँसी आकाशमणि की लम्बी पत्तियों की सरसराहट जैसी लगती। कभी—कभी माँ गोपी के लिए बनी चाय का कप रमा को पकड़ा देती—

"बेटी, चाय पीकर जाओ..."

तब रमा गोपी को जीभ निकालकर बच्चों की तरह चिढ़ाती और चाय का घूँट भरती—

"चाची, आप गोपी की चाय तो मुझे ही दे दिया करो। गोपी बहुत चाय पीता है। ऐसे में तो दाँत खराब हो जाएँगे..."

"ठीक है..."—माँ हँसती।

तब गोपी को दोनों पर गुस्सा आ जाता। और वह दूसरी चाय के इंतज़ार में खीझता रहता।

असली परेशानी गोपी को तब होती जब परीक्षा के दिनों में वह आ धमकती और उसके कमरे में लकड़ी की दो हत्थों वाली कुर्सी में आलथी—पालथी मार कर जम जाती। उसके हाथ में चना बूट होता जिन्हें किसी खेत से उखाड़कर वह लाई होती।

"मैं पढ़ रहा हूँ..."—अपनी खीझ दबाकर संयम बरतते हुए गोपी कहता।

"वह तो मैं देख ही रही हूँ..."—वह बेतकल्लुफ़ी से कहती—"लेकिन मैंने सारा पढ़ लिया, सुबह चार बजे से उठकर। कल के पेपर की तैयारी हो गई..."

"लेकिन मेरी तैयारी नहीं हुई। मैं अभी उठा हूँ..."—गोपी सोचता कि शायद वह संकेत समझकर चली जाएगी।

"ओह!"—वह आवाज़ में नकली अफ़सोस भर कर कहती और बैठी रहती।

गोपी झुँझला कर पढ़ने लगता। वह बैठी रहती। वह बात तो नहीं करती लेकिन चोटी हिलाकर या "ऊँ...आँ..." की अज़ीबों गरीब ध्वनियाँ निकाल कर भरसक गोपी का ध्यान भंग करने का प्रयत्न करती। और तब गोपी का गुस्सा स्वाभाविक होता—

"देख रमा, सीधे नहीं बैठ सकती तो जा यहाँ से। नहीं तो, चोटी पकड़कर कमरे से बाहर निकाल दूँगा।"

"क्या ?"—वह झूठा गुस्सा दिखाती—"देख गोपी, तू ऐसी अपमानजनक बात करेगा तो मैं इसी वक़्त यहाँ से चली जाऊँगी और ज़िन्दगी भर इस घर में कदम नहीं रखूँगी..." उसकी आवाज़ में सीधी चेतावनी होती।

गोपी खामोश रहता और उसके प्रस्थान की प्रतीक्षा करता लेकिन जाना तो दूर की बात, वह अपनी जगह से हिलती तक नहीं। और मज़े से चना बूट खाती रहती। झुँझला कर गोपी किताब लिये-लिये बाहर निकलता—

"माँ, रमा को इधर बुलाओ। मैं पढ़ नहीं पा रहा..."

"कितना पढ़ोगे बेटा। कल बारह बजे तक पढ़ते रहे और आज सुबह से भी। जाओ, गय्यन (गायों) को कोढ़ा (भूसा) दे आओ।"

और गोपी क्रोध में साइकिल के कैरियर में किताब दबाकर गले में लाल गमछा डालकर खेतों की तरफ़ निकल जाता। घर में तो पढ़ाई होने से रही।

एक दिन पान का बीड़ा देते हुए रमा ने गोपी की सफ़ेद कमीज़ पर बीड़े को दबा दिया। एक बूंद कत्था बाईं तरफ़ सीने में ज़ेब के ऊपर गिरा।

"यह क्या..." गोपी ने झूठा गुस्सा दिखाया।

"होली के दिन क्यों नहीं आए। लोटे में गाढ़ा-गाढ़ा रंग घोलकर रखा था..."

"इसीलिए नहीं आया"—गोपी हँसा। फिर बोला—"चंद्रहास ने धमनी बुला लिया था। तो उसके गाँव चला गया। फिर दोस्तों ने आने नहीं दिया।"

"ओह!"—रमा बोली—"तो तुम अपना बोरिया-बिस्तर लेकर रहने के लिए धमनी ही क्यों नहीं चले जाते..."

"चला जाऊँगा..."—गोपी फिर हँसता तो वह चिढ़ जाती। कत्थे का दाग कपड़ों से जल्दी नहीं जाता। फिर वह कत्थई दाग गोपी की कमीज़ से आजीवन नहीं गया। रमा के जाने के बाद गोपी ने उस कमीज़ को संदूक में सबसे नीचे रख दिया था। ऐसे ही दोनों बड़े हुए। ऐसे ही दिन बीतते गए।

खूब सारे दिन। ऋतुएँ आईं और चली गईं। और एक बार पान का बीड़ा देते हुए रमा गंभीर थी। उसने निर्विकार भाव से गोपी को देखा और कुछ बोले बगैर अंदर चली गई।

'आखिर ऐसा क्या हो गया!' गोपी ने सोचा।

घर आकर पत्र पढ़ा। रमा की शादी तय हो गई थी।

भूकंप आता है। तो पल भर में संसार तहस-नहस हो जाता है। बिजली गिरती है तो देखते-देखते हरा-भरा वृक्ष जलकर राख हो जाता है। फिर कभी उस पर वसंत नहीं लौटता। फिर कभी उस पर परिंदे नहीं गाते।

गोपी साइकिल उठाकर निर्जन खेतों की तरफ़ चला गया है। आधी दोपहर निरुद्देश्य घूमता रहा। फिर गाँव धमनी चंद्रहास के पास चला गया। उस दिन वह वहीं रुक गया। रात वहीं सो गया। गाँव जाने वाले एक साथी से घर ख़बर भिजवा दी कि आज यहीं रुकेगा। चंद्रहास ने देखा कि गोपी का मन खराब है। लेकिन उसने कुछ पूछा नहीं। गोपी ने भी कुछ नहीं बताया। दिन अपने पत्थर पर मौन का चंदन घिसता रहा।

धरती अपनी धुरी पर घूम रही थी लेकिन मन अपनी धुरी से खिसक गया था। ऐसे में हमें कुछ समझ में नहीं आता और हम कुछ अज़ीबों-गरीब व्यवहार करते हैं। गोपी के साथ भी यह हो रहा था।

हवा मे एक पत्ता चक्कर खाता हुआ गोल—गोल नीचे गिर रहा था। क्या वह भी समय के चक्रवात में चक्कर खाता हुआ एक पत्ता है!

किस वृक्ष में वह लगा था!

किस वृंत से वह टूटकर गिरा!

अब कहाँ उसे जाना है!

वह कुछ नहीं जानता। जानना भी नहीं चाहता। उसने खुद को वक़्त के हाथों में सौंप दिया है।

क्या यह किसी चुनौती के सामने घुटने टेक देना नहीं है!

हथियार डाल देना!

उसे अपनी कायरता पर शर्म आने लगी।

तो क्या करे गोपी!

"क्या हम कहीं भाग चलें?" रमा ने पत्र लिखकर पूछा था।

"लेकिन कहाँ?"

''कहीं भी...''

''क्या सब कुछ इतना आसान है?''

''इतना क्या सोचना...''

''सोचना पड़ता है, क्योंकि ज़िन्दगी कोई फ़िल्म नहीं है।''

''फ़िल्म की कहानी भी कभी कभी ज़िन्दगी की कहानी होती है...''

''लेकिन अभी मैं बेरोज़गार हूँ। हम कहाँ जाएँगे! क्या करेंगे! बाहर निकलने के लिए पैसा चाहिए...''

''बाहर निकलकर तो देखें। ईश्वर सहायता करेगा...''

''फिर माँ-बाबूजी? मैं एकलौता बेटा। उन्हें कैसा लगेगा! समाज में उन्हें सबकी बातें सुननी पड़ेंगी''

''क्यों?''

''क्योंकि तुम ब्राह्मण हो, मैं यदुवंशी...जाति प्रथा से बँधा गाँव का समाज इस ब्याह को आसानी से स्वीकार नहीं करेगा...''

''देर-सबेर कर लेगा स्वीकार...''

''मैं नहीं सोचता...''

''फिर हम इनकी परवाह क्यों करें...''

''माँ-बाबूजी का मन टूट जाएगा...''

''और मेरा मन?''

''कुछ समझ में नहीं आता...''

''लेकिन मुझे सब समझ में आ रहा...तुम कायर हो, दब्बू हो। तुममें साहस की कमी है...''

यह रमा का अंतिम पत्र था। उसके बाद उसकी कोई चिट्ठी नहीं मिली।

...क्या उसमें साहस की कमी है? गोपी को एक कविता की पंक्तियाँ याद आईं -

ठण्ड से नहीं मरते शब्द और न मौसम की नमी से
बल्कि कभी-कभी साहस की कमी से
मर जाते हैं शब्द...

और उसके शब्द मर गए थे। गोपी के पास रमा को लिखने के लिए अब कुछ नहीं बचा था। रमा ने गोपी के घर आना छोड़ दिया था। वह भी रमा की दुकान पर जाने का साहस नहीं जुटा पाया। दिन बीत रहे थे।

"आजकल रमा पारिजात के फूल नहीं दे जाती..."—माँ कहतीं।

जैसे चलते-चलते अंधेरे में ठोकर लगी हो। गोपी गिरते-गिरते बचता।

या पाँव में धूल में छिपा कोई काँटा गड़ गया हो...

वह पुस्तक में आँखें गड़ाये चुप बैठा रहता।

माँ आगे कुछ नहीं पूछती। और उसके पास किसी सवाल का कोई जवाब था भी नहीं।

कुंती रमा नहीं बन सकी थी।

और वह किसिल नहीं बन सका था।

तो क्या उसका प्रेम सच्चा नहीं था? नहीं। वह यह मानने को तैयार नहीं। परिस्थितियों की क्या कोई भूमिका नहीं होती!

फिर भी, गोपी प्रेम के तराजू पर एक तरफ़ अपना और दूसरी तरफ़ किसिल का हृदय रख कर देखता तो पलड़ा किसिल की तरफ़ ही झुक जाता।

और गोपी गहरे पश्चाताप और अपराध बोध से भर उठता।

और आज, इतने दिनों बाद, गोपी के घर के आँगन में समय जैसे ठहर गया है...

लम्बे समय के बाद संदूक में सबसे नीचे रखी उस सफ़ेद कमीज़ का कत्थई धब्बा जैसे महक उठा था और गोपी उस महक को कहीं छुपा नहीं पा रहा था। एक खाट पर धुली हुई चादर बिछी है जिस पर रमा बैठी है। दूसरी खाट पर गोपी और माँ। रुकमणि चाय बनाकर ले आई और बीच में स्टूल पर चाय की ट्रे रखकर वह भी रमा की बगल में बैठ गई है। कुछ देर इधर-उधर की बातें होती रहीं और सब एक-दूसरे का हाल-चाल पूछते रहे।

रमा ब्याह के बाद मायके आई और हाथ-मुँह धोकर, कपड़े बदलकर तुरंत गोपी के घर चली आई। माँ उसे रोकती ही रह गई।

"बस, अभी आई..."—कहकर वह भाग आई थी। उसी कत्थई सलवार और गुलाबी कुर्ते में—कत्थई दुपट्टा डालकर—जिन्हें वह यहीं छोड़ गई थी। देखने में कुछ भी नहीं बदला था लेकिन माँग के सिंदूर ने रमा का चेहरा बदल दिया था।

कुछ भी नहीं बदला था। गोपी वैसा ही दिख रहा था लेकिन उसकी देखरेख करने अब रुकमणि आ गई थी। रमा के ब्याह के बाद गोपी की हालत

माँ-बाबूजी से देखी नहीं जा रही थी। वे क्या कुछ नहीं समझते थे! ज़बरदस्ती गोपी का ब्याह रुकमणि के साथ कर दिया गया।

और ज़िन्दगी धीरे-धीरे पटरी पर आने लगी...

लेकिन कभी-कभी अतीत वर्तमान में आकर सब कुछ तहस-नहस कर देता है। ऊपर-ऊपर कुछ भी नहीं बदला था। पर भीतर-भीतर सब कुछ बदल गया था।

और क्या होता है बदलना!

एक पुरानी कहानी के पात्र नए रंगमंच पर जैसे हतप्रभ बैठे हों—अपनी-अपनी भूमिका और संवाद भूलकर...

"तुमने अपनी शादी का निमंत्रण पत्र भी नहीं भेजा गोपी..." कुछ आहत और शिकायती स्वर में रमा ने मौन तोड़ा।

"वो...असल में..."—गोपी के स्वर लटपटा गए।

"वो क्या हुआ, बेटी..."—माँ ने बात को सम्हाला—"सब कुछ इतनी जल्दी में हुआ...फिर लड़की वाले भी रुकने को तैयार नहीं थे...यहाँ घर में कार्ड भेजा था। तुम्हें ख़बर देने के लिए भी कहा था। पर शायद वो लोग ख़बर भेज नहीं पाए..." और माँ कुछ असहज-सी होती हुई खाट से उठ गई -

"दीया जलाने का समय हो गया है बेटी। मैं अभी आई।"

आकाश में बादल गरजे तो रुकमणि ने ऊपर देखा। काले-काले मेघ दक्षिण से उठ-उठकर आकाश में आ रहे थे।

"लगता है, बारिश होगी। मैं पिछवाड़े से कपड़े उठा लेती हूँ"—फिर जाते-जाते रमा से बोली—"दीदी, आप चाय लीजिए न। ठण्डी हो रही है..."

"हाँ..."—रमा ने मुस्कुराकर कहा—"मैं ठण्डी ही पीती हूँ..."

कहीं बारिश शुरू हो गई थी। हवा का एक ठण्डा झोंका जैसे इसकी सूचना दे गया था। अब रमा और गोपी अकेले थे। और मौन। इस मौन को तोड़ने का साहस किसी में नहीं था। दोनों ने एक-दूसरे की तरफ़ देखा और मुस्कुराए।

यह मुस्कुराहट भी उस गीली हवा की तरह थी जो न जाने कितने भीगे कछारों को पार करके आती है। इस मुस्कुराहट में दर्द के भीगे कछारों का नमक था।

रमा ने सिर झुका लिया और पाँव के अंगूठे से गोबर लिपे आँगन की मिट्टी कुरेदती रही। क्या वह किसी दूसरी कहानी का पात्र है जो भटक कर इस कहानी में चला आया है!

किसी दूसरे तट की लहर जो इस तट से आकर टकरा गई है!

मेघ आकाश में उतने नहीं छाये थे, जितने रमा के हृदय में। वह तो पूरी ताक़त से बारिश को आँखों तक आने से रोके हुए थी।

चाय में कत्थई पपड़ी पड़ गई थी।

लेकिन स्मृतियाँ सदाबहार थीं। हर समय हरी-भरी और तरो ताज़ा। उन पर न कभी धूल गिरती थी न कोई पपड़ी पड़ती थी।

❑❑❑

एकान्त श्रीवास्तव का चर्चित उपन्यास

पँखुड़ी-पँखुड़ी प्रेम

"यह उपन्यास अपने कथ्य और शिल्प में बेजोड़ है। कथा मार्मिक है और भाषा बेहद काव्यात्मक—'प्यार एक चाँद था कभी न डूबने के लिए आकाश में उगा हुआ।' *पँखुड़ी-पँखुड़ी प्रेम* स्वातंत्र्यपूर्व और स्वातंत्र्योत्तर भारत के लगभग सौ वर्षों के कालखंड में फैली छत्तीसगढ़ के ग्रामीण जीवन की और नायिका प्रेम के बहाने स्त्री-जीवन की एक करुण गाथा है। इसे पढ़ते हुए पाठक का मन पुरइन पत्तों पर ठहरी जल-बूँदों की तरह थरथराने लगता है। उपन्यास उस साझा जीवन, साझा समाज और साझा संस्कृति पर ज़ोर देता है जो प्रकृति के बीच स्पंदित है। यहाँ ग्राम अंचल की प्रकृति का विरल और विशिष्ट चित्रण है। यह कृति हमें उन मूल्यों की तरफ़ ले जाना चाहती है जिन्हें हमने बहुत पीछे छोड़ दिया है। प्रेम का चरित्र अंत में जाकर अपने बृहत्तर सामाजिक और लोक-सदंर्भ को प्राप्त करता है। 'प्रेम' की जो पंखुड़ियाँ उड़कर दूर चली गई थीं, अंत में वह उन पंखुड़ियों को पुनः प्राप्त करती है और एक लोक-पुष्प में बदल जाती है। इसका आस्वाद नया है। हिन्दी उपन्यासों की परंपरा में यह उपन्यास नए गवाक्ष खोलता है।"

—डॉ. विजय बहादुर (प्रख्यात आलोचक)

ISBN : 9789393267238
पृष्ठ : 176

प्रमुख स्थानीय व ऑनलाइन पुस्तक विक्रेताओं के यहाँ उपलब्ध या
इस वेबसाइट से मँगवाएँ

www.rajpalpublishing.com